손자병법에서 바라본

불멸의 대한민국

손자병법에서 바라본
불멸의 대한민국

초판 1쇄 인쇄 2024년 04월 02일
초판 1쇄 발행 2024년 04월 16일

신고번호 제313-2010-376호
등록번호 105-91-58839

지은이 염규중

발행처 보민출판사
발행인 김국환
기획 김선희
편집 조예슬
디자인 김민정

ISBN 979-11-6957-153-1   03190

주소 경기도 파주시 해올로 11, 우미린더퍼스트@ 상가 2동 109호
전화 070-8615-7449
사이트 www.bominbook.com

· 가격은 뒤표지에 있으며, 파본은 구입하신 서점에서 교환해드립니다.
· 이 책은 저작권법에 의하여 보호를 받는 저작물이므로 무단 전재와 복사를 금합니다.

손자병법에서 바라본

불멸의 대한민국

염규중 지음

소멸 및 쇠퇴한 국가들의 원인을 조명하면서
손자병법에서 말한 국가 번영의 조건들을 제시하였다.

이 책을 왜
써야만 했는가?

　수많은 책을 읽으면서 국가안보는 무엇인가에 대한 해답을 얻기 위해 노력하였지만, 어떠한 책도 이 물음에 만족을 주지 못했다. 이에 국가안보에 대한 큰 흐름과 방향을 제시하고자 이 책을 쓰게 되었다. 국가안보의 사전적 의미는 외부의 위협이나 침략으로부터 국가를 지키는 일이다. 당연하고 타당하다. 현재의 대한민국이 있기까지 고조선부터 조선까지 망하고 건국되기를 반복하였다.

　최근 대한민국의 세계 국력 순위는 설문기관마다 다소 차이는 있으나, 6위에서 9위를 나타내고 있으며, 이 조그마한 나라의 위대함을 엿볼 수 있는 대목이다. 이러한 대한민국이 먼 미래에도 지속해서 번영하고 영원히 멸망하지 않는 방법은 무엇일까를 고민하였다. 같은 고민을 하는 이들에게 나의 경험과 자료를 정리하였으니 국가안보 전체 맥락을 이해하며 불멸의 대한민국에 대해 생각해보는 시간이 되었으면 한다. 또한 이 책을 읽는 많은 이들이 불멸의 대한민국을 만들기 위해 더 좋은 의견들을 제시하길 기대해본다.

　이 책은 과거에 소멸한 국가들과 현재 쇠퇴한 국가들의 원인을 조명하면서 독자들에게 관련 내용에 대해 다양한 의견을 질문하였고, 그 당시의 상황을 고려하여 현명하게 판단해볼 기회를 부여하였다. 또한 대한민국 국민이라면 자신, 가족, 사회, 국가의 안녕과 평안을 위해 무엇을 해야 하는지를 제시하였다. 대한민국의 부국 강국은 현재를 사는 우리 모두의 과제이며, 이를 잘 해결하여 먼 훗날 우리의 후세대도 번영하며 살도록 해야 한다. 국민을 보호해야 하는 국가는 어떠한 위협에도 굴하지 않고 굳건해야 한다. 국가를 잃은 일제강점기에 우리 조상들은 생체실험의 대상이 되거나 일본군 위안부로 전락하는 등 말로 표현할 수 없는 고통을 겪었다. 책에서는 국가를 잃으면 얼마나 많은 고통을 받게 되는지, 이스라엘 멸망(76년)과 재건국(1948년)의 과정 그리고 다음 그림에 있는 17개 국가에 대해 소멸과 쇠퇴의 원인을 국가별로 설명하였다.

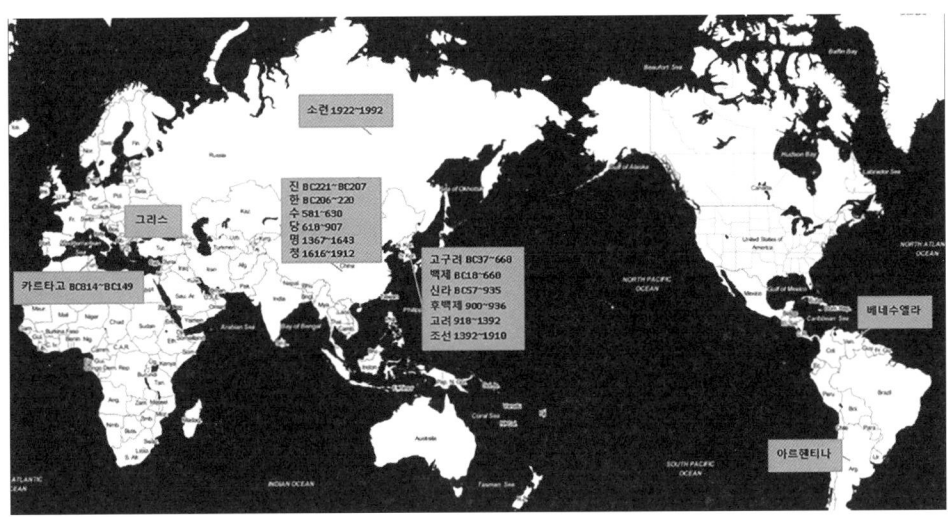

〈소멸 및 쇠퇴한 국가들〉

또한 대한민국에서 겪고 있는 다양한 갈등들을 제기하였고, 손자병법에서 말한 국가 번영의 조건들을 제시하였다. 향후 펼쳐질 미래사회의 모습들을 묘사해 이를 토대로 대한민국이 세계의 중심과 어깨를 나란히 하면서 천년만년 이상 번영하기 위한 조건들을 개인과 국가 차원에서 각각 제시하였다.

이 책에서 다룬 다양한 내용들은 개인이나 연구단체에 따라 상이할 수 있다. 책에 제시된 내용들은 나의 30여 년 군생활 경험, 가치관, 참고자료 등을 바탕으로 작성하였고, 최대한 객관성을 유지하려고 노력하였다. 하지만 개인 간의 의견 차이는 분명히 있을 수 있다. 이 책을 토대로 개인과 사회, 국가에 한층 더 발전되고 건설적인 의견들이 많이 제시될 것이라 믿는다.

- 세상에서 제일 기분 좋은 사나이 **염규중**

추천사

　손자병법의 "적을 알고 나를 알면 백 번 싸워도 위태롭지 않다"라는 말을 보면 그 옛날 온갖 무기를 대동한 물리적 힘이 중요시되던 전쟁에서도 적을 먼저 아는 것을 손자는 강조했다. 이러할진대 소리 없고 형체 없는 현대전에 있어 손자가 강조한 상대에 대한 파악의 중요성을 더 말해 무엇하겠는가? 동서양을 막론한 병법의 최고봉으로 꼽히는 손자병법 안에는 이처럼 단순히 무분별한 승리의 기술이 아니라 인간애에 바탕을 둔 합리적인 승리의 지혜가 담겨 있다. 그렇기 때문에 2,500년이 지난 오늘날에도 수많은 정치가나 리더들에게 지침서로 읽히는 이유이다. 작가는 이 책을 통해 대한민국이 멸망하지 않고 영원히 번영하며 살 수 있는 비결을 제시하고 독자들에게 매 장마다 질문을 던진다. 부강하고 평화로운 대한민국을 위해서 특정 집단에 국한되지 않고 국민 개개인이 어떤 고민을 해야 하는지 생각할 시간을 주고 있는 것이다. 그래서인지 작가가 독자들에게 던지는 '생각의 시간'은 참으로 신선하고 흥미롭다. 이 책을 통해 독자들도 이제 불멸의 대한민국을 만들기 위해 무엇을 어떻게 해야 하는지 스스로 생각해보는 계기가 되길 바란다.

편집장 **김선희**

목차

이 책을 왜 써야만 했는가?
추천사

제1장. 국가의 중요성 • 13

    1. 국가를 잃은 민족의 참상
    2. 국가의 정의
    3. 국가의 역할

제2장. 이스라엘, 과거에 멸망했으나 재건국하다 • 21

    1. 이스라엘 멸망과 재건국
    2. 이스라엘의 저력
    3. 유대인의 가정

제3장. 소멸한 국가들 • 29

    1. 한반도에서 소멸한 국가
        가. 고구려
        나. 백제
        다. 신라
        라. 후백제
        마. 고려
        바. 조선

2. 중국에서 소멸한 국가
   가. 진(秦)
   나. 한(漢)
   다. 수(隋)
   라. 당(唐)
   마. 명(明)
   바. 청(淸)

3. 세계에서 소멸한 국가
   가. 카르타고
   나. 소련(蘇聯)

제4장. 쇠퇴한 국가들 • 67

1. 그리스
2. 베네수엘라
3. 아르헨티나

제5장. 대한민국의 갈등 요인들 • 79

1. 정치적 이념 갈등
2. 저출산·고령화
3. 지역 갈등
4. 세대 갈등

5. 사회계층 갈등
6. 남녀 갈등
7. 다문화 가정 증가로 문화적 갈등
8. 민군 갈등
9. 그 외 한반도 발생 가능한 위협들

제6장. 손자병법에서 제시한 국가 번영 조건 • 99

1. 왜 손자병법인가?
2. 국가 번영 조건
    가. 부전승(不戰勝)
    나. 국가 시스템의 정상 작동
    다. 지도자(장수) 자질의 중요성
    라. 조직이 번성하는 방법
    마. 완전무결의 준비 태세 유지
    바. 최고의 전문성과 도전정신
    사. 인재의 발탁과 교육의 필요성
    아. 지역에 맞는 특화 전략

제7장. 미래사회의 모습 • 127

1. 로봇 · 인공지능(AI)과 공존
2. 로봇과 로봇 전쟁
3. 인간 · 로봇 · 외계인 패권전쟁

4. 물류 자동화, 신속 정확한 배송
5. 음식품 대체 산업 활성화
6. 의료기술 첨단화 및 자동화
7. 인간 종류의 다양성
8. 종교의식 약화, 삶의 의미 재조명

제8장. 불멸의 대한민국 만들기 • 141

1. 개인이 갖추어야 할 조건
2. 국가가 갖추어야 할 조건

참고문헌

제1장

국가의 중요성

| 1 |
국가를 잃은 민족의 참상

　국가를 잃은 민족에게는 인간으로서 당연히 가져야 하는 기본적 권리(인권)는 상상할 수 없다. 우리의 지난 역사를 보면 쉽게 이해할 수 있을 것이다. 국가를 잃었던 일제강점기 기간에 일제는 조선총독부를 설치하여 행정, 입법, 사법 및 군대 등을 손에 쥐고 우리 민족을 맘껏 유린했다. 개인이 추구하는 자유, 평등, 평화, 복지, 정의 등은 꿈도 꾸지 못했고, 일제의 이익에 부합되면 개인 재산은 자연스럽게 몰수되었고, 국내외 댐·광산·비행장·도로·철도 건설 등에 무차별적으로 강제징용되었다. 그들은 일하다 죽든, 병에 걸려 죽든 아무도 관심을 두지 않았다. 그저 노예와 같이 시키는 일만 해야 했으며, 군대 위안부로 끌려가거나 세균·동상·성병·장기 등 생체실험 대상이 되었다. 세상 밖으로 관련 사실들이 알려지지 않도록 무차별적인 대학살도 감행되었다. 한순간에 삶의 터전을 빼앗기고 강제로 이주당했으며, 강간이나 문화 말살, 언론·출판 제한 등 국가를 잃은 민족의 참상은 상상을 초월했다. 이러한 만행들을 겪었지만, 누구도 동정하지 않고 누구에게도 하소연할 곳이 없었다. 이런 참상들은 국가를 잃어도 겪게 되지만 국가의 힘이 현저히 약하게 되면 흔히 겪을 수 있다.

| 2 |
국가의 정의

　국가의 정의에 대해서는 고대로부터 현대에 이르기까지 다양하게 해석되고 있다. 국가와 단체의 차이는 무엇인가에 대해 스스로에게 질문을 던져보면 의외로 간단할 수 있다. 국가의 정의에 대해 고대부터 현재까지 변하지 않은 것은 한 영역 내에서 폭력을 독점해야만 국가가 성립한다는 것이다. 자신들이 이루고자 하는 목적을 위해 폭력을 수단으로 사용할 수 있느냐 없느냐가 국가와 집단의 차이이다. 국가는 다른 사람이나 단체의 폭력을 실질적으로 단속하고 무력화시킨다. 우리가 생각하듯 주민이나 대중의 협의에 의해 설립되는 것이 아니며, 국가는 그 지역에서 가장 강대한 폭력을 행사할 수 있는 사람들에 의해 획득되는 것이다.

　고대 그리스 철학자였던 플라톤은 정의로운 국가란 '지혜로운 통치자(철학자, 왕)들이 지배하며 이를 보좌하는 인재(명예와 공공의 이익을 중시), 생산자(일하는 계층) 등이 함께 조화롭게 협력하여 과정과 결과 모두에서 정의와 공공의 이익을 추구하는 사회질서'를 의미한다고 하였고, 정의란 국가 없이는 존재할 수 없다고 하였다.

국가란 독점한 폭력을 통해 부(세금)를 징수하고, 그 징수된 부를 통해 더욱 강대한 폭력을 축적하여 국가의 성립을 떠받치고 있다. 현재의 국가 폭력은 과거 주민을 억압하는 데에 집중되었던 것과 달리 주민의 안전을 위해 사용된다. 그리고 국가가 해체되면 국가의 폭력에서 해방된다는 일부 주장도 있지만 이것은 오히려 다른 국가를 출현시켜 더 큰 폭력에 시달릴 수도 있다. 근대에는 폭력을 일원화함으로써 주권을 획득하고, 국경선에 의한 영토를 확정함으로써 한 명의 군주에 의해 좌우되지 않는 국가 자체의 영속적인 보전을 가져왔다. 그리고 폭력을 통해 부를 수탈하는 대상이었던 대중들을 같은 국민이라는 하나의 이름으로 묶음으로써 내재하던 폭력을 외부로 돌리는 계기를 마련했다.

현대에서 국가의 사전적 의미는 통치조직을 가지고 일정한 영토에서 사는 사회단체, 즉 일정한 지역·영토 내에 거주하는 구성원들에 대해 최고의 통치권을 행사하는 정치단체이자 개인의 욕구와 목표를 효율적으로 실현해줄 수 있는 가장 큰 제도적 강제 단체를 말한다. 국가는 다른 사회집단과 비교하여 강제력을 정당하게 행사할 수 있다는 것이 본질적인 차이점이다. 이 강제력이 공권력이며, 국가는 공권력을 행사하면서 한 국가의 질서를 유지하고, 사회구성원의 공동 목표와 가치 실현을 위해 노력한다.

국가에 대해 다양한 이론이 존재하고 있지만 현재 통용하고 있는 국가는 영토, 국민, 주권으로 구성된 집단이라고 할 수 있다. 여기에서 국민이 중요한 이유는 국민의 사고에 따라 국가를 좌지우지하는 지도자들이 선출되고, 그들에 의해 법적 체계, 예산 집행, 가치 체계, 무기 체계 등 수많은 정책이 시행되며, 국가 체제가 좌우되기 때문이다. 국가는 어떠한 상황에서도 국민에게 각종 위협(주변국, 개인, 집단)으로부터 의·식·주 등 안전을 제공하고 필요한 경우 강제성을 통해 국가의 이익이 되는 방향으로 나아가야 한다.

| 3 |
국가의 역할

　원시시대에는 다른 동물들로부터 자신의 생존을 지키기 위해서 집단이 필요하였지만, 현재는 인간과의 경쟁에서 자신을 보호하기 위해 집단이 필요하다. 인간은 생각이라는 무기를 지닌 지구상에서 가장 무서운 존재로 부상하며 숫자상으로나 지리적으로 우위를 점하며 지구의 주인이 되었다. 동종인 인간들이 제일 무서운 상대가 되었고, 수천 년 동안 서로 우위를 점하기 위해 공격을 하고, 공격을 받는 관계 속에서 살아왔다. 인간은 자신의 욕심들, 물건이나 재산, 심지어는 육체적 욕망을 채우기 위해 평화롭게 살고 있는 주변인들을 공격하고 서슴없이 죽이기도 하였다. 이러한 세상에서 자신의 생명과 재산을 안전하게 지키기 위해 사회적 집단이 필요하게 되었고, 자신을 지켜줄 사람을 뽑아 책임을 맡기는 방법으로 국가가 만들어진 것이다.

　국가의 역할은 각종 위협으로부터 국민의 안전을 도모하는 것이다. 나쁜 이들로부터 재산과 생명을 지켜주는 등의 사회질서를 바로잡고 국민에게 교육, 일자리, 질병 치료 등을 제공하여 국민이 행복하고 편안한 삶을 영위할 수 있도록 해야 한다. 외부로부터 국민과 영토를 수

호하고, 국민에게 삶의 안식처를 제공해야 한다. 국가 간의 경쟁에서 우위를 점하기 위해 공동의 목표와 비전을 제시하고, 국민을 단합하고 동기를 부여하여 성과를 내도록 해야 한다. 주변 국가들과의 전략적 동맹을 맺어 상호 윈윈하는 관계도 유지해야 한다. 국제관계도 힘의 논리인 만큼 전략적 무기를 지속 발굴하고 개발하여 국가안보에 빈틈이 없도록 해야 한다. 재해재난 상황에서도 국민이 피해가 없도록 시스템을 보완하고 가동해 국민의 삶이 불안하지 않도록 해야 한다. 과거에서 교훈을 얻고 현재에서는 미래를 대비한 준비를 충실히 해나가야 한다. 상황이 일어났을 때 준비되어 있지 않으면 이미 늦게 되는 것이다.

> **손자를 넘어 상위 1% 사상으로 올라서기**
>
> 1. 당신은 국가의 역할이 무엇이라 생각하는가?
> 2. 국가를 잃으면 겪게 될 참상들은 언급된 내용 이외에도 무엇들이 있을까?
> 3. 지도자는 어떠한 자격조건을 갖춰야 한다고 생각하는가? 당신이 지도자라면 당신은 지도자의 자격을 갖추고 있는가?
> 4. (스스로에게) 관련 내용에 대해 다른 질문을 하고 대답해보세요.

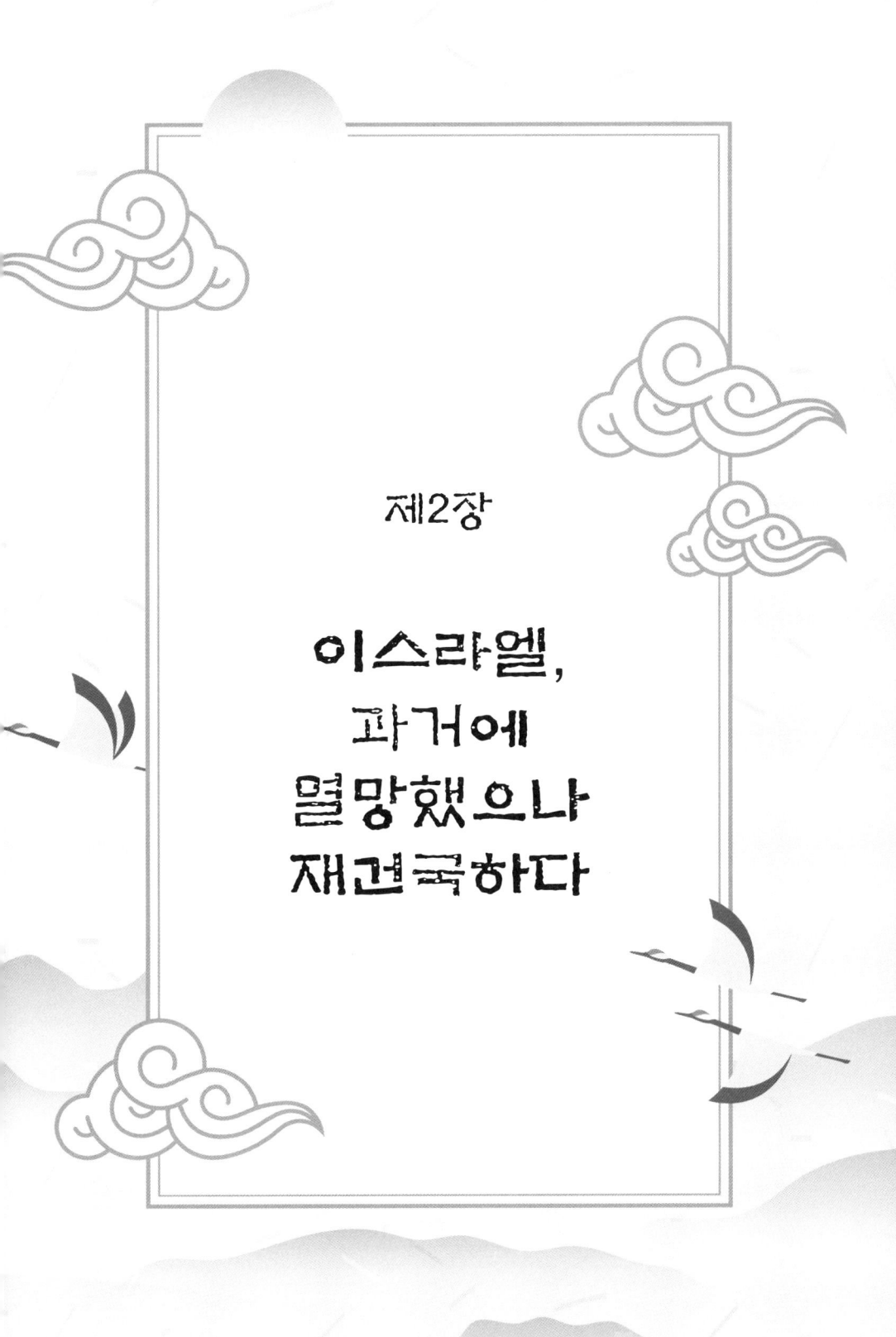

제2장

이스라엘, 과거에 멸망했으나 재건국하다

| 1 |
이스라엘 멸망과 재건국

　이스라엘은 AD 70년 로마제국에 의해 멸망하였고, 이후 이스라엘의 주요 민족이었던 유대인들은 세계 각지에서 흩어져 살았다. 유대인들은 많은 국가로부터 홀로코스트(유대인 600만여 명 학살) 등 수난을 당하면서도 수천 년이 지난 1948년 현재의 중동 땅에 이스라엘을 재건국하였다. 유대인은 재건국 이후 주변 아랍국들과 4차에 걸친 전쟁에서도 모두 승리하였고, 세계 인구의 약 0.28%밖에 안 되지만 세계 최고 억만장자 400명 중 15%를 차지하고, 역대 노벨상 수상자 가운데 25% 이상을 차지하고 있다.

| 2 |
이스라엘의 저력

　이스라엘의 유대인들이 2천여 년 동안 국가 잃은 설움 속에서도 민족의 정체성을 지키고 다시 이스라엘로 돌아올 수 있었던 저력은 교육이다. 현재도 지리적으로 불리한 조건들을 극복하며 전 세계를 선도하고 창업의 강국이 될 수 있던 비결도 바로 교육이다. 유대인의 교육은 질문과 토론문화, 실패를 두려워하지 않는 도전정신, 뿌리와 전통을 가르치는 가정교육, 사회적 책임과 공동체의 가치를 배우는 협동과 봉사 등으로 이스라엘의 멈추지 않는 혁신의 원동력이 되고 있다.

　유대인은 대화와 토론 간에 선생, 선후배도 친구로 여기기 때문에 더 치열하게 토론한다. 상대에 모멸감을 주는 언행도 하지 않는다. 토론에서는 서로 선생이 되다가 제자가 되기도 한다. 유대인은 과감한 도전을 통해 활동 영역을 확장하고 당돌하고 뻔뻔한 도전정신, 밑져야 본전 정신, 경쟁에서 이길 확률이 거의 없어도 과감하게 나서는 용기를 스스로 높이 평가한다.

　유대인은 아이에게 배우는 것이 즐겁다고 가르친다. 그래서 학교를 그 어떤 곳보다 재밌고 즐거운 곳으로 만들고 있다. 아이가 어디에 관심과 흥미를 느꼈는지 어떤 특별한 창의성이 있는지 어떤 잠재력을 품고 있는지를 주의 깊게 관찰해서 그 방향으로 계발시키기 위해 꾸준히 지도한다. 아이 교육의 핵심은 무슨 특별함이 있는 것이 아니라 아이와 대화하고 같이 놀아주고 밤마다 책을 읽어주는 것이다.

유대인의 아이들은 어른 말에 토를 달고 말대꾸도 잘한다. 이는 아이를 가르쳐야 할 대상으로 보는 것이 아니라 동등한 인격체로 대하면서 어른과 똑같이 토론하고, 그 결론을 끌어내는 대화식 교육법 때문이다. 이런 교육법은 부모에게 상당한 인내와 끈기를 요구한다. 학교 수업에서 선생님은 설명하고, 아이들은 조용히 듣는 일반적인 모습은 상상할 수 없다. 선생님의 말씀이 떨어지기가 무섭게 아이들은 끊임없이 질문하고 또 대화한다.

선생님이 질문이 있냐고 여러 번 물어도 말없이 조용히 머리를 숙이고 있는 우리나라 학교 분위기와는 매우 다르다. 유대인들은 유난히 역사를 많이 가르친다. 여러 민족에게 박해받았던 유대인의 역사관은 '히틀러를 용서하되 잊지는 말자'라며 그들의 역사를 절대 잊지 않도록 가르치고 있다. 역사를 통해 뿌리를 알고 단결하며 지혜를 얻고 사고의 깊이까지 더하는 것이다.

| 3 |
유대인의 가정

 유대인 부모는 아이에게 매를 드는 법이 없다. 야단을 치면 아이가 주눅이 들고 다음번엔 잘못하지 말아야지 하는 생각보다 야단을 맞지 않아야지 하는 생각이 앞서 잔머리를 쓰게 된다고 보기 때문이다. 아이를 체벌할 상황에서도 부모는 인내와 끈기를 갖고 목소리를 높이지 않고 대화를 시도한다. 부모의 침착성, 인내성, 합리적 사고가 밑바탕에 깔린 것이다. 부모와 아이 사이에 갑과 을이 존재하지 않는다. 내가 낳았지만 내 아이를 소유물처럼 다루지 않고 윽박지르지도 않는다. 부모는 아이가 미래를 얻도록 참고 또 참으며 기다려주고, 배려하며 존중해주는 문화가 정착화되어 있다.

 유대인들은 잠자리에 드는 아이들에게 늘 책을 읽어준다. 잠자리에서 읽어주는 베갯머리 이야기는 언어 발달, 어휘력 향상, 풍부한 정서와 상상력을 키우게 되고, 부모에 대한 애정과 신뢰를 가슴 깊이 느낄 수 있다. 부모는 아이가 가장 편안한 시간에 아이와 공감대를 형성해 나간다. 매주 안식일에는 가족들이 한자리에 모이고 여행도 삼가고 장사도 하지 않는다. 아버지는 자녀에게 탈무드를 포함한 다양한 지식을 가르치고, 항상 책을 읽는 모습을 자녀에게 보여주기 위해 애를 쓴다. 미 국방장관을 지낸 유대인 헨리 키신저는 아버지와 함께 매주 공부하였으며, 항상 책을 읽는 아버지의 영향으로 책을 가까이하게 되어 세계사에 대한 해박한 지식을 가질 수 있었음을 회고하고 있다.

유대인 어머니는 우리나라 어머니 못지않게 자녀 교육에 열성적이다. 유대인의 어머니들은 가르침을 전할 의무가 있으며, 자녀들을 가르치는 사람이 곧 여성이라는 자부심을 갖고 있다. 유대인들은 자녀들을 굳건한 신앙과 신념의 소유자로 키우는 것을 중요하게 생각한다. 그리고 이런 종교 교육의 일차적 책임이 어머니에게 있다고 생각한다. 어머니는 아이에게 최초의 교육자이며, 아이가 정통 유대인으로 자라게 하는 주체이다.

유대인 사회는 엄연히 부계사회이지만 사회구조나 업무에서는 남녀의 차별이 거의 없다. 일에서 남녀를 구분하는 것은 출산뿐이다. 이스라엘에서는 여성도 남성과 똑같이 군대에 가서 군 복무를 한다(여성은 20개월, 남성은 36개월). 또 여성들이 일할 수 있는 기반도 충분히 마련돼 있다. 그래서 이스라엘에 전업주부는 거의 없으며, 전 인구의 95% 이상이 맞벌이 부부이다. 가사나 육아도 남녀가 평등하게 하고 있다. 아빠가 부엌에서 밥을 하고, 아이를 돌보는 풍경이 흔하고 자연스럽다. 이런 환경에서 아이들도 엄마가 사회에서 일하는 것에 대하여 상당히 자부심을 느낀다. 또 남자가 여자를 지배한다는 것은 상상도 못하며 남녀가 동등한 인격체라는 것을 본능적으로 몸에 익히며 자란다.

유대인은 조부모나 삼촌, 숙모, 사촌형제까지 한 가족으로 보는 대가족 제도를 고수하고 있다. 수시로 연락하며 축제일이나 주말에는 함께 보내며 가족의 일체감을 다진다. 자녀들은 이런 분위기 속에서 자기 부모와 다른 사고방식과 직업을 가진 여러 어른과 친밀하게 접촉하며 다양한 세계를 접하게 된다. 그래서 그들의 지혜는 개인에서 개인으로가 아니라 세대에서 세대로 전해진다고 한다.

지식은 매일 급속도로 많은 양으로 발전해가지만 지혜만은 옛날과 차이가 없다고 유대인들은 믿고 있다. 유대인들은 수천 년 전에 만들어진 성서와 탈무드를 믿는 것이다. 이들은 지식이 기록된 책과 지혜가 기록된 책을 구별하고, 지식의 책 못지않게 지혜의 책을 읽어야 한다고 믿고 있다. 또한 유대인들은 책을 통해 배우는 지혜보다는 부모를 통해 배우는 지혜가 가장 소중하고 훌륭한 것이라고 믿고 있다.

손자를 넘어 상위 1% 사상으로 올라서기

1. 당신은 이스라엘이 재건국할 수 있었던 이유는 무엇이라고 생각하는가?
2. 이스라엘의 저력은 무엇이라고 생각하고, 이중에서 우리나라에 적용할 수 있는 것은 무엇인가?
3. 이스라엘 가정교육에 대해 어떻게 생각하고, 여기에서 당신이 본받아야 할 사항은 무엇인가?
4. (스스로에게) 관련 내용에 대해 다른 질문을 하고 대답해보세요

제3장

소멸한 국가들

1

한반도에서 소멸한 국가

가. 고구려

고구려는 BC 37~668년(705년) 동안 만주 일대를 터전으로 중국 국가들과 패권을 다투며 성장했고, 동아시아의 맹주로도 군림하였다. 백제와의 본격적인 접촉은 대륙으로 세력을 확장한 백제 고이왕 이후이다. 신라는 5세기까지 고구려와 별다른 접촉이 없었다. 중국에서는 한나라, 위·촉·오의 삼국지, 수, 당 등 수개의 나라들이 성장과 몰락을 거듭했다. 고구려는 건국왕 동명성왕에서 28대 보장왕에 이르기까지 700여 년 동안 드넓은 만주 일대를 호령하며 북방의 최전선에서 번성하였다. 이렇게 중국과 대등한 위치에서 북방 일대를 호령하였던 고구려는 왜 멸망하였는지 그 주요 원인은 다음과 같이 찾아볼 수 있다.

첫째, 왕권 약화와 일인 독재체제의 폐단, 지도층의 분열이다. 연개소문은 왕을 포함하여 친당나라 세력들을 죽이고 고구려 마지막 왕인 보장왕을 왕위에 앉히면서 모든 권력을 잡게 된다. 최고의 관직인 막리지에 오른 연개소문은 조정과 군권을 장악하고 보장왕을 허수아비

왕으로 전락시켜 연개소문 일인 독재체제를 만들었다. 연개소문은 당나라 침략도 대패시키며 주변에 그 위세는 대단하였다. 하지만 모든 권력이 집중된 연개소문이 죽자, 자식들 간에 권력투쟁이 일어났다. 장남(남생)은 군대를 이끌고 당나라에 투항하였고, 당군의 앞잡이가 되어 고구려를 침략했다. 연개소문의 동생(연정토)은 12개 성을 가지고 신라에 투항하는 등 분열이 계속되었다. 대대적인 당나라의 공격으로 고구려는 항복하였고, 700여 년 역사의 마침표를 찍었다. 연개소문 일인 독재체제로 잠시 국력이 안정되었다지만 일시적인 현상에 불과했다. 연개소문 죽음 이후 지도층은 권력을 차지하기 위해 권력다툼으로 분열되어 고구려는 혼란이 더욱 가중되었고, 이러한 틈을 타고 인접국들은 고구려를 손쉽게 멸망시킬 수 있었다.

둘째, 주변국과 외교관계 개선 등 국가 안위를 책임질 인재 부재이다. 고구려 말기에 당나라는 지속적으로 침략했다. 그때마다 연개소문은 당나라를 물리쳤는데 그뿐이었다. 당나라를 물리치고서 당나라를 약화할 전략이나 대책에 소홀했다. 당나라 몇 만 명이 침략하여 전몰하다시피 해도 고구려는 전과를 확대하는 등 그 어떤 행위도 하지 않았다. 당나라의 잦은 침략으로 국력은 쇠약해지고 국민의 삶은 피폐해졌다. 당나라 주변 돌궐족과 동맹을 맺고, 남쪽으로는 백제와 왜 등과 동맹을 맺어 당나라를 견제했더라면 고구려는 요동 지역에서 현재까지도 천하를 호령하였을 수도 있다. 국내정세에 국한되어 권력을 다투고 세력을 유지하고자 했던 고구려에 주변국 정세의 흐름을 읽고 주도권을 찾기 위한 정책을 펼칠 수 있는 인재가 없었다는 점이 아쉬울 뿐이다.

> **손자를 넘어 상위 1% 사상으로 올라서기**
>
> 1. 당신은 고구려의 멸망 원인이 무엇이라 생각하는가?
> 2. 당신이 연개소문이라면 삼국을 통일하기 위해 무엇을 하였겠나?
> 3. 연개소문의 자식들은 무엇을 잘못하였는가? 그리고 연개소문의 자식 교육에 대해 어떻게 생각하는가? 그렇다면 당신은 자식 교육을 잘하고 있는가?
> 4. (스스로에게) 관련 내용에 대해 다른 질문을 하고 대답해보세요.

나. 백제

　백제는 BC 18년에 건국되어 31대 의자왕인 660년에 신라와 당나라에 의해 멸망했다. 전성기 시절 백제의 영토는 남쪽으로는 중국 양쯔강, 북쪽으로는 요동 지역까지 이르렀으며, 서쪽으로는 중국 덕주, 곡부, 청강, 양주에 이르렀으니 한반도 백제 영토의 몇 배나 되었다. 이 당시에는 고구려에도 우세를 점하게 되며, 고구려 고국원왕은 백제와의 평양성 전투에서 화살을 맞아 죽었다. 이렇듯 한때 중국, 고구려, 왜 등과의 우세인 위치에 있었던 백제는 역사 속으로 사라졌는데 그 주요 원인은 다음과 같이 찾아볼 수 있다.

　첫째, 의자왕의 독선적인 지휘에 신하들의 폭넓은 의견수렴이나 개진 등이 무시되었고, 주변국 침략 가능성에 대비가 미흡했다. 20년간 재위한 의자왕은 초기에 고구려, 말갈, 왜 등과 우호적 관계를 맺으며 신라를 공격하여 여러 성을 빼앗아 우월적 위치에 있었다. 하지만 의자왕은 재위 15년 이후 자만해지며 향락 등에 빠지고, 스스로에 대한 절제력을 잃고 독선적인 지휘를 했다. 의자왕의 빈틈을 놓치지 않고 파고드는 세력들이 임자 등 간신들이었다. 임자는 왕 곁에서 모시는 좌평으로 무녀 금화를 소개하고 신라와 내통하면서 의자왕의 판단을 흐리게 하였고, 충언에 주저함이 없는 성충을 감옥에 가둬버렸다. 성충은 식음을 전폐하고 굶어 죽으면서 전쟁은 반드시 일어날 것이라며 의자왕에게 몇 가지 충고를 하지만 의자왕은 이를 무시했다.

의자왕은 임자와 같은 간신들을 가까이하며 궁녀들과 어울려 지내고, 정사는 등한시한 채 향락에 빠져들었다. 성충의 예언대로 신라와 당나라는 백제를 공격하였고, 준비하지 못했던 의자왕은 제대로 싸워보지도 못하고 웅진성에서 항복하였다. 의자왕과 가족들은 당의 도읍 낙양으로 끌려가 의자왕은 얼마 되지 않아 사망하였고, 678년 역사를 지닌 백제는 역사 속으로 사라졌다.

둘째, 폭넓게 인재들을 등용하여 활용하여야 했지만, 의자왕의 아들들을 지방관직에 임명하여 관직에 도전하는 백성들의 의욕을 약화했다. 지방호족들과의 갈등이 첨예한 시기에 아들들이 지방관직에 임명되어 지방 세력들과 갈등이 더 심화하였고, 결국 내부 분열과 갈등은 백제 국력을 약화하는 결과를 초래했다. 의자왕이 나·당 연합군을 피해 웅진성으로 들어가 재정비하려 할 때 웅진성 성주(예식진)는 싸우지도 않고 의자왕을 포박하여 항복받았다. 성주(예식진)는 당으로 건너가 벼슬 등 호의호식하며 살았다. 이러한 풍토를 조성한 사람도 의자왕이었다고 할 수 있다. 향락에 빠지지 않고 국가와 백성들을 위해 올바로 처신하고 정사를 돌보았다면 백성들은 의자왕과 함께하였을 것이다. 백성들의 마음을 얻지 못한 의자왕은 뒤늦게 땅을 치고 통곡하였지만, 백제는 역사 속으로 사라진 뒤였다.

셋째, 백제는 한때 신라의 일부 성들을 빼앗는 등 우월적 위치에 있었지만, 전쟁이나 궁궐 축성 등에 대해 백성들과 상하가 일치하는 전략적 국가정책이 부족했다. 의자왕은 고구려 등과 외교적 관계를 맺으면서 당나라의 침략에 대비하기도 하였다. 또한 이들 국가의 정세를 파악하면서 신라를 공격하였다. 하지만 신라와 전쟁을 통해 국가적 이로움과 해로움 등에 대한 명분이 부족했다. 그래서인지 백성들은 잦은 전쟁을 통해 점차 피로해졌고, 경제적 어려움마저 가중되자 민심이 이탈되었다. 중국 지역까지 호령했던 백제가 국가적 비전을 제시하고 폭넓은 인재를 등용하여 백성들과 같은 뜻을 모으고 힘을 기울였다면 백제의 운명은 전혀 다르게 전개되었을 것이다.

손자를 넘어 상위 1% 사상으로 올라서기

1. 당신은 백제의 멸망 원인이 무엇이라 생각하는가?
2. 당신이 의자왕이었다면 어떻게 정치하여 삼국을 통일하였겠는가?
3. 의자왕을 포박해 당나라에 바쳤던 웅진성 성주(예식진)에 대해 어떻게 생각하는가? 당신이 당시 웅진성 성주였다면 어떻게 하였겠는가?
4. (스스로에게) 관련 내용에 대해 다른 질문을 하고 대답해보세요.

다. 신라

신라는 백제와 고구려를 차례로 멸망시키고 나·당 전쟁에서 승리를 이끌며 삼국통일의 위업을 달성하였다. BC 57년에 건국되어 56대 경순왕을 마지막으로 935년에 역사의 막을 내렸다. 초기 관료제도의 뒷받침을 받으며 소수의 귀족, 외척의 정치적 타협 등으로 왕권이 확립되어 국가체제가 잘 유지되었다가 35대 경덕왕 때에 귀족 세력들이 확장되어 왕권이 흔들리기 시작하고, 36대 혜공왕 시절에 귀족 세력의 힘이 왕권보다 커지게 되었다. 이후부터 왕좌에 대한 권력다툼으로 지방 통제도 약화하였다. 신라는 992년간 존속하면서 첨성대, 석굴암 등 찬란한 문화를 꽃피웠으나 결국 멸망하였고, 그 주요 원인은 다음과 같이 찾아볼 수 있다.

첫째, 왕위 쟁탈전에 의한 지도층의 분열로 지방 통제력을 상실하였다. 계속되는 왕위계승 다툼으로 중앙의 공병[1]과 사병[2] 모두가 약화하였다. 이는 지방에 대한 통제력을 약화했다. 예를 들어 장보고의 청해진 군사들이 중앙 경주로 진군하여 44대 민애왕을 죽이고 45대 신무왕을 즉위시켰다. 중앙의 공병이 지방의 사병 집단에 패배하여 중앙정부의 권위는 추락하였고, 점차 지방 통제력도 상실하였다. 동서고금을 막론하고 지도층의 분열은 한 국가의 심대한 혼란과 위협을 초래한다.

---

[1] 공병(公兵) : 국가가 동원하는 공적인 부대
[2] 사병(私兵) : 개인이 동원하는 사적인 부대

둘째, 출신에 따라 벼슬에 진출하는 기회가 주어졌으며, 폭넓은 인재 활용은 제한되었고, 출신 간의 갈등은 사회의 혼란을 초래했다. 삼국통일 후 불만 세력들을 잠재우고 흡수하지도 못했다. 신분의 한계로 실력을 갖춘 인재들의 불만은 팽배해졌다. 계급사회로 인해 최고 벼슬에는 진골 출신만이 가능하였고, 진골 출신 간의 왕위 쟁탈전으로 장기간 국정은 혼란에 빠지고 국가재정은 파탄났다. 신라왕은 모두 56명으로 삼국통일 이후 왕의 재임 기간은 평균 7년으로 왕위 쟁탈전이 심각했음을 알 수 있다.

셋째, 지배 세력들은 통일국가 모습이나 비전을 제시하지 못했고, 백성들을 화합하여 잘 살게 하려는 사회적 통합 노력이 부족하였다. 지배 세력들은 자신들의 이익을 위해 백성들 재산을 강탈하였고, 백성들의 불만은 팽배해갔다. 일부 백성들은 생활고로 인해 유랑민으로 살았으며, 여기에 극심한 자연재해까지 겹치면서 지방 민심은 돌아서기 시작했다. 지방호족들은 도적이나 양민을 사병화하여 세력화하였으며 궁예, 견훤 등 지방호족 세력의 사병이 강화되면서 신라의 지배체제는 붕괴하였다. 신라는 통일국가로서 핵심 가치가 무엇이었는지, 백성들과 무엇을 함께하려고 하였는지, 어떤 국가를 만들고자 했는지 반문하지 않을 수 없다.

손자를 넘어 상위 1% 사상으로 올라서기

1. 당신은 신라의 멸망 원인이 무엇이라 생각하는가?
2. 신라가 천 년 동안 유지될 수 있었던 이유는 무엇이라 생각하는가?
3. 당신이 신라의 왕이었다면 신라가 수천 년 이상 국가를 유지하려면 어떻게 정치하여야 했는가?
4. (스스로에게) 관련 내용에 대해 다른 질문을 하고 대답해보세요.

라. 후백제

후백제를 건국한 견훤은 신라의 혼란을 틈타 892년에 무진주를 장악한 후 전남 지역의 호족 세력들을 포섭하여 후백제의 기틀을 마련하였다. 900년에 후백제를 건국하였으나 36년 만인 936년에 멸망하였다. 견훤은 신라의 수도 경주를 함락하여 경애왕을 제거하고 귀환길에 오르면서 고려 왕건과 대구 동남쪽 공산성 전투에서 왕건 군사 5,000명을 전멸시키는 등 위세를 떨치기도 하였다. 공산성 전투에서 왕건은 가까스로 탈출하여 송악으로 돌아갔다. 견훤은 고려의 견제를 받지 않고 경상 지역을 석권하였다. 이렇듯 견훤의 후백제는 한때 고려와도 우월한 위치에 있었음은 물론 경상 지역에 대한 주도권을 장악하였는데 후삼국 통일의 주역이 되지 못하고 고려에 멸망하였다. 후백제가 역사의 주인공이 되지 못하고 오히려 멸망하게 된 주요 원인은 다음과 같이 찾아볼 수 있다.

첫째, 지도자의 통치행위에 대한 신뢰와 믿음이 부족했다. 견훤은 솔선수범을 통해 부하와 백성들, 피지배민들에게 신임받아도 부족했을 텐데 신라 경주를 점령한 이후 신라에 대한 배려나 존중은 없이 오히려 약탈과 만행을 일삼았다. 신라왕을 제거하고 왕비를 욕보이고, 나머지 후궁들은 군사들에게 욕보이게까지 했다. 군사들은 금은보화를 끌어모았고, 재능 있는 자들은 포로로 삼았다. 신라를 복속시킬 수 있는 기회를 상실하였고, 오히려 신라는 후백제에 대한 증오만을 키웠다.

둘째, 내부 단속과 결속에 실패하여 지도층이 분열하였다. 백제 일부 호족들은 고려에 투항하였고, 견훤의 사위까지 투항하였다. 견훤은 집안 단속도 못하여 아들에 의해 폐위되었다. 아들 사이에 벌어진 권력다툼도 사전에 차단하지 못했다. 견훤은 제일 어린 아들에게 애정을 쏟았고, 이에 위협을 느낀 장남은 견훤을 폐위하고 3개월 동안 금산사에 가두고 유력한 왕위 계승자인 아우를 죽여버렸다. 견훤은 금산사에서 탈출하여 고려에 항복하였고, 고려 왕건과 함께 10만여 병사를 이끌고 자신이 세웠던 후백제를 공격하여 멸망시켰다. 견훤과 아들 간의 난장판 싸움으로 스스로 자멸했다.

셋째, 견훤의 주변에는 주변 세력들을 전략적으로 활용할 만한 인재가 없었다. 고려 왕건과 공산성 전투 승리의 기세를 확대하지 못함은 물론 왕건 쿠데타로 불만을 품은 궁예 세력들을 규합하고 활용하지 못했다. 주변국인 거란, 왜 등과 양면 전투 등을 활용하는 전략적인 통일 계획을 내다보지 못했다. 이러한 밑그림을 그려가며 국정과 군사를 운영할 인재로 책사 최승우를 거론하지만, 후삼국을 호령할 만한 그릇으로 보기에는 부족하였다. 견훤에게 후삼국을 통일할 수 있는 많은 기회가 주어졌지만 이를 포착하여 활용하지 못하였고, 이를 활용할 수 있도록 견훤을 보좌하는 인재도 없었다.

손자를 넘어 상위 1% 사상으로 올라서기

1. 당신은 후백제의 멸망 원인이 무엇이라 생각하는가?
2. 당신이 견훤이었다면 어떻게 정치하여 후삼국을 통일하였겠는가?
3. 견훤의 아들들에 대해 어떻게 생각하는가? 그렇다면 당신의 자식은 어떠한가?
4. (스스로에게) 관련 내용에 대해 다른 질문을 하고 대답해보세요.

마. 고려

고려는 신라 말 분열된 한반도를 다시 통일하여 세운 국가로 918년 왕건에 의해 건국되었고, 475년간 존속하다 1392년 34대 공양왕 때에 멸망하였다. 세계의 자랑인 고려청자, 팔만대장경 등 찬란한 문화재를 남겼으며 중국, 일본, 아라비아, 페르시아 등과 활발한 무역 활동을 하여 고려라는 이름을 세계에 알리기도 하였다. 불교가 본격적으로 유입되어 불교를 숭상하였고, 12세기에는 무신정변이 일어나 병권을 가진 무신들이 지배하였다. 13세기에 몽골족이 세운 원나라의 침입을 받고 전 국토가 피폐화되었으며, 원나라의 부마국이 되는 치욕을 겪으면서 국력이 급속히 쇠퇴하였다. 결국 이성계와 정도전 등이 주도하는 정치 세력에 의해 멸망하였다. 고려가 멸망하게 된 주요 원인은 다음과 같이 찾아볼 수 있다.

첫째, 고려의 국가통치 이념 부재를 들 수 있다. 국가의 통치 이념을 바탕으로 지도층과 백성들이 같은 방향을 향해 힘을 합치고 나아가야 했다. 고려는 후삼국을 통일한 후 어떠한 목표를 두고 진력할 것인가에 대한 노력이 부족했다. 고구려 후계임을 공표하면서 국호도 고려라 정했지만 고구려 영토 회복, 고구려 만주벌판 호령 등을 위해 강한 군사력과 경제 활동 등에는 생각이 미치지 못했다. 물론 여진족을 몰아내며 고려의 영토가 청천강 유역에서 영흥 지방까지 진출하였다.

요동 지역 회복을 국가 목표로 세웠다면 목표를 달성하기 위해 인재

등용, 제도 정비, 무기 개발, 훈련 방법, 주변국과 외교관계 등 많은 부분에서 성숙했을 것이다. 고려의 백성, 자원 등을 응집하여 추진 동력을 갖출 수 있는 것이다. 물론 태조 왕건은 훈요십조를 통해 임금이 지켜야 할 내용들을 명시하였다. 임금이 훈요십조를 지키며 행동했다면 고려는 다른 모습으로 존속되었을 것이다. 하지만 차령산맥을 언급하며 지역 출신을 차별한 것은 아쉬운 부분이다. 어떠한 조직도 인종이나 지역 출신 등을 차별이나 불평등하여 강성한 조직이나 국가는 없었다. 부모가 가정에서 자식을 차별하면 그 가정의 미래는 보지 않아도 뻔한 것이다.

둘째, 고려 말기에는 정치적 혼란으로 국가는 안중에도 없었고, 해당 세력들의 이익에 치중하였다. 고려왕은 막강한 사병을 지닌 귀족들에게 제대로 영향력을 행사하지 못하였고, 우왕은 장인인 최영 장군의 영향력 아래 국정을 운영하고, 그를 크게 의지하였다. 당시 중국은 원나라에서 명나라로 교체되는 시기로 명나라는 고려에 무리한 요구를 하였고, 이로 인해 고려는 요동정벌을 계획하였다. 하지만 최영 부하였던 이성계는 고려의 군사들을 이끌고 요동정벌을 마지못해 출정하였고, 위화도 회군을 통해 우왕, 최영 등을 제거하고 정치적 실권을 장악하였다. 고려 말기에 최고의 권력자였던 이인임, 염흥방 등의 권문세족들도 제거하였다. 권문세족 토지를 몰수하여 신진사대부에게 토지를 지급하여 경제적 실권도 장악하였고, 이를 통해 신진사대부들은 경제적 기반을 마련하였다. 당시 권문세족들의 횡포로 많은 백성은 한 평의 땅도 얻지 못하였다. 위화도 회군이 아니었어도 혁명이 일어날

만큼 민심은 흉흉해져 있었다.

셋째, 사병제도와 민심이탈로 중앙정부의 세력은 급속히 약화했다. 고려는 귀족들에게 사병을 허용하였고, 이에 이성계도 막강한 사병을 갖고 있었다. 이러한 사병제도는 국가 이익보다는 개인이나 집단 이익에 치중하여 백성들을 수탈하여 자신들의 배를 불리고 민생은 도탄에 빠져 고려에 등을 돌리게 만든 원인이 되었다. 고려 말기에 정치적·경제적 혼란을 바로잡고 국가의 기강을 세울 수 있는 인재가 있었다면 고려의 운명은 어떻게 되었을까.

손자를 넘어 상위 1% 사상으로 올라서기

1. 당신은 고려의 멸망 원인이 무엇이라 생각하는가?
2. 고려 말 최영, 이성계에 대해 어떻게 생각하는가?
3. 고려가 멸망하지 않고 천 년 이상 유지하기 위해서 필요한 조건은 무엇이라 생각하는가?
4. (스스로에게) 관련 내용에 대해 다른 질문을 하고 대답해보세요.

바. 조선

조선은 이성계가 1392년에 건국한 나라로 1910년에 멸망하였다. 마지막 임금인 순종에 이르기까지 27명의 왕이 계승되면서 518년간 존속되었다. 조선시대에 현재 사용되고 있는 한글이 창제되었고, 현재의 한반도 영토인 압록강과 두만강까지 영토가 확장되었다. 조선이 멸망하게 된 주요 원인은 다음과 같이 찾아볼 수 있다.

첫째, 중국에 지나친 사대주의로 조선은 스스로 그 틀 안에 안주하여 자주적이고 발전적인 야욕이 없었다. 임진왜란 등 국가적 위기 시에도 원인 규명과 대비책은 뒤로 하고 명나라의 도움으로 막아낸 것에 만족할 뿐이었다. 이순신 같은 국가의 인재는 소인배들의 중상모략과 지도자의 견제로 제대로 활용되지도 못했다. 조선 말기에는 중국도 영국의 경제적인 침탈로 압박에 놓이는 현실이었지만 조선은 이를 반면교사로 삼지 못하고 계속 쇄국을 고집했다. 국제정세에 적시적으로 대처하지 못하는 조선 지도층의 한계였다.

둘째, 조선왕은 경쟁력 없이 이씨 왕족으로 자연 승계되어 무능한 왕권이 출몰 시에는 국가와 백성들을 더욱 힘들게 하였고, 오히려 이들은 국가 경쟁력을 약화했다. 틈만 생기면 외척 세력 등 주변 세력 간의 권력투쟁으로 국가의 앞날은 생각하지 않고 자신들의 이권을 공고하기 위해 힘을 쏟았다. 일본은 일찍이 개화하여 서양의 문물을 받아들이고 화혼양재[3]를 실천하여 근대화의 길로 들어선 반면 조선은 위정척사로 혼란만 증폭시켰다. 서양이 식민지를 개척하여 식민지역의 자원들을 수탈하며 국부를 기하급수적으로 늘려갈 때 조선의 지도층들은 당파싸움에만 몰두하며 자중지란[4]할 뿐이었다. 백성들은 기아에 허덕이고 굶주림에 시달릴 때 세계정세를 올바로 바라보는 지도자가 한 사람도 없었다. 임진왜란 당시 일본이 포르투갈 상인으로부터 조총을 들여와 처절하게 괴롭혔을 때 조선은 서양 문물의 우수성을 눈여겨보고 대비가 필요했다. 임진왜란 이후 반짝했던 실학은 성리학에 패퇴되어 중요한 도약의 기회를 잃었다. 동인도회사의 직원인 하멜이 조선에 표류했을 때 동인도회사가 어떠한 조직이었는지 조선 지도자들은 호기심조차 갖지 않았다. 이러한 태도는 조선의 불행이었다.

셋째, 조선시대 중심 사상이었던 성리학은 형이상학적이고 이상적인 것에 가치를 두어 과학기술의 발달을 억제하는 사회적인 구조를 만들었다. 조선은 이러한 분위기에서 19세기 전반기에 개항할 수 있는 시기를 놓쳤다. 이 당시에 영국 산업혁명으로 기계가 발명되어 산업생산력은 폭발적으로 증가하였다. 당시 동북아시아의 국제정세는 일본과 중국, 러시아와 영국 간의 세력 불균형 상태였다. 약육강식의 자연계 법칙은 국제정치의 현실 속에서도 적용되어 외세의 침략을 받았

3　화혼양재(和魂洋才) : 화혼은 일본의 전통적 정신을, 양재는 서양의 기술을 말하고, 자국 것이 魂(혼)이고 서양 것을 才(재)로 삼는다. 근대화 시기에 일본의 구호

4　자중지란(自中之亂) : 자기편 가운데서 일어나는 혼란, 원인이 내부에 있는 싸움이나 난리

을 경우 이를 막아낼 수 있는 군사력이 있어야 했고, 여러 나라들과 자유롭게 교류하며 이로운 강점들은 과감하게 받아들여야 했지만, 조선은 그렇지 못했다. 1783년부터 전파되기 시작한 천주교는 하느님을 숭배하며 조상 제사를 거부하고, 백성의 평등을 강조하여 조선의 왕권정치와 충효사상에 배치되었다. 조선 정부는 천주교도들을 무자비하게 탄압하였고, 서양 문물에 대한 경계심을 높였다. 쇄국정책 등으로 국가 번영의 밑그림을 보지 못하고 권력투쟁에 빠지면서 조선은 역사 속에서 사라졌다.

손자를 넘어 상위 1% 사상으로 올라서기

1. 당신은 조선의 멸망 원인이 무엇이라 생각하는가?
2. 당신이 고종이었다면 어떻게 정치하여 일본 등 외세들을 극복하였겠는가?
3. 조선과 중국의 관계에 대해 어떻게 생각하는가? 왜 그럴 수밖에 없다고 생각하는가? 당신이 조선 왕이라면 중국과의 관계를 어떻게 유지하였겠는가?
4. (스스로에게) 관련 내용에 대해 다른 질문을 하고 대답해보세요.

| 2 |
중국에서 소멸한 국가

가. 진(秦)

진은 중국 최초의 통일국가(BC 221)로 중앙집권 정치를 실시하였고, 통일이 되고 15년 이후 BC 207년에 멸망했다. 차이나(China)라는 중국의 영문 이름은 진에서 유래하였다. 중국의 춘추전국시대를 통일했던 진은 짧은 기간에 멸망하게 되는데 그 주요 원인은 다음과 같이 찾아볼 수 있다.

첫째, 진시황제의 무소불위 독재 권력구조는 누구도 의견을 제시하거나 견제할 수 없었고, 진시황제의 입맛대로 폭군 행위를 일삼았다. 황제를 비판하는 학자들은 땅에 묻어버리고 책은 불살라버렸다(분서갱유). 진시황제는 불로장생에 집착하여 사기꾼에 속았고, 감히 죽음을 입에 올리지도 못하게 하여 후계자 선정도 하지 못했다. 분서갱유를 통해 백성들을 진시황제의 노예로 만들고자 했다. 진시황제가 죽자 진은 무너졌다. 막내아들인 이세 황제가 즉위했으나 반란에 의해 재위 4년 만에 진은 멸망하였다.

둘째, 백성을 노예처럼 취급하고 노역은 무상으로 부렸으며, 법을 고쳐 사적인 이익을 취했다. 백성에게 절대적으로 불합리하고 일관성이 없는 법이었다. 대규모 토목 공사를 실시하여 만리장성을 건설했다. 세상에서 알고 있는 만리장성은 명나라에서 만든 것이다. 그리고 아방궁을 짓는데 워낙 거대하여 진시황제 사후에도 공사가 진행되었다. 무덤도 화려하고 흙으로 만든 전사, 전차 등이 있는 병마용은 백성을 얼마나 수탈하였는지 알 수 있다. 세금도 많이 걷어 백성들은 힘들게 살았으며, 이에 백성들은 불만이 팽배하였고, 진나라 법을 따르느니 차라리 반기를 들겠다고 아우성쳤다. 그 대표적인 인물이 한나라를 건국한 유방이었다.

셋째, 진시황제에 이어 이세 황제도 개인의 사욕에 빠져 정사를 돌볼 수 있는 인재는 아니었다. 신하들은 황제 마음에 들면 아무것도 하지 않아도 부귀영화를 주고, 마음에 들지 않으면 쉽게 죽임을 당했다. 이세 황제는 왕권 강화의 하나로 백성들을 더욱 착취하여 토목 공사를 통해 위엄을 돋보이려고 하였지만, 너무 지나쳐 반란이 성행하며 진은 멸망하였다.

손자를 넘어 상위 1% 사상으로 올라서기

1. 당신은 진나라의 멸망 원인이 무엇이라 생각하는가?
2. 당신이 진시황제였다면 어떻게 정치하였겠는가?
3. 진나라가 100년 이상 존속하기 위해 필요한 것은 무엇이라 생각하는가?
4. (스스로에게) 관련 내용에 대해 다른 질문을 하고 대답해보세요.

나. 한(漢)

한은 중국의 두 번째 통일국가이자 중국 문화의 기틀을 마련한 나라(BC 206)로 220년에 멸망했다. 한족인 유방이 장안을 도읍으로 삼았으며, 고조선의 세력이 커지자 대규모 정복군을 보내 고조선을 멸망시키고 한 군현을 설치하여 지배하기도 하였다. 한은 유교를 국교로 유교의 윤리가 성립되었고, 고조선과 베트남을 정복하였다. 서방과 교통로인 실크로드를 개척하였으며, 세계 최초로 종이를 만들었다. 중국인들을 뜻하는 한족이나 중국의 글자인 한자는 바로 한의 이름에서 유래된 것이다. 이러한 한이 멸망하게 된 주요 원인은 다음과 같이 찾아볼 수 있다.

첫째, 외척 세력이 왕권을 능가한 권력을 행사하면서 한나라를 도탄에 빠뜨렸다. 한나라 말기 대표적인 외척인 왕망이 황제까지 독살하고 황제가 되었다. 한은 점점 어지러워졌고, 전국 곳곳에서 반란이 일어났다. 백성의 고통은 날로 커지며 한은 멸망하기 시작했다.

둘째, 한나라 말기에 발생한 황건적의 난은 한나라 멸망의 결정적인 역할을 하였다. 환관과 외척(왕비의 친척)의 다툼이 심화되어 정치가 불안해졌고, 홍수와 가뭄까지 이어져 백성들의 삶은 위태하였다. 이런 혼란스러운 때에 태평도라는 종교가 크게 번성하였고, 태평도가 반란을 일으켰는데 누런 두건을 썼다 하여 황건적의 난이라 불렀다. 황건적의 난은 8개월 만에 진압되었지만 이로 인해 끊임없이 반란이 일어나며 한나라는 멸망했다.

손자를 넘어 상위 1% 사상으로 올라서기

1. 당신은 한나라의 멸망 원인이 무엇이라 생각하는가?
2. 당신이 한나라 황제였다면 환관, 외척 세력들을 어떻게 관리하였겠는가?
3. 한나라를 천 년 이상 존속하기 위해 필요한 것은 무엇이라고 생각하는가?
4. (스스로에게) 관련 내용에 대해 다른 질문을 하고 대답해보세요.

다. 수(隋)

수는 100년 동안 분열되어 있던 5호 16국 시대를 581년에 통일하였다. 49년이라는 짧은 기간으로 2대 황제인 수 양제 때 멸망(630년)하였다. 수나라의 역사는 짧지만, 시험을 통해 관료를 선발하였고, 경제와 문화, 군사력 등을 크게 발전시켰다. 수나라를 건국한 수 문제는 세계사를 바꾼 100대 영웅 중 한 명(82위)으로 뽑히고 있다. 서양에서는 유럽의 경우 로마제국 멸망 후 지금까지 정치적 통합을 이루지 못했지만, 중국은 수나라에 의해 재통합되어 현재의 중국을 유지하는 원천이 되었다고 보고 수나라를 긍정적으로 평가하고 있다. 짧은 역사를 지니고 역사 속으로 사라진 수나라 멸망의 주요 원인은 다음과 같이 찾아볼 수 있다.

첫째, 2대 황제인 수 양제는 1대 황제 아버지를 살해하는 등 왕권 계승에 치명적 문제를 드러냈으며 자신의 실정들이 이어지며 몰락하였다. 수 양제는 태자가 되기 위해 태자였던 형을 서인으로 폐위시키는 데 성공하였고, 아버지마저 시해하며 황위에 올랐다. 결국에는 수 양제도 자신의 측근에 의해 죽었다. 즉위하여 궁실 건축 등 토목 공사에 많은 사람을 동원하였고, 자신은 사치스러운 생활을 즐겼다. 장안에서 강도까지 40여 개의 궁전이 있었으며, 수행하는 선박이 5,000여 척, 그 길이는 200여 리에 달했다. 그리고 운하 양쪽으로 호송하는 기병이 20만여 명이었다. 잦은 토목 공사와 주변국 원정 실패 등으로 각지에서 반란이 일어났고, 수 양제가 궁지에 몰리자, 친위대장에 의해 살해당했다. 이런 혼란한 틈을 이용하여 수나라 말기에 반란을 일으킨 세력은 200개가 넘었다.

둘째, 황하강과 양쯔강을 잇는 운하를 건설하였고, 명분도 없이 주변국을 무리하게 정벌하였다. 남쪽으로는 지금의 대만 등을 정벌하였고, 고구려를 세 차례나 대규모로 정벌에 나섰지만 실패하면서 각지에서 농민반란이 일어나고 군웅이 할거하기 시작하였다. 이미 중앙은 그 통제력을 상실하였다. 이에 측근이 쿠데타를 일으켜 수 양제를 죽임으로써 수나라의 짧은 역사는 막을 내렸다.

손자를 넘어 상위 1% 사상으로 올라서기

1. 당신은 수나라의 멸망 원인이 무엇이라 생각하는가?
2. 당신이 수 문제였다면 자식들을 어떻게 교육하고 평가하겠는가?
3. 당신은 수 양제의 행위(황제 즉위 이전, 이후)에 대해 어떻게 생각하는가?
4. (스스로에게) 관련 내용에 대해 다른 질문을 하고 대답해보세요.

라. 당(唐)

당은 618년에 건국하여 290년 동안 20명의 황제에 의해 통치되었다. 나·당 연합군에 의해 한반도의 삼국시대를 소멸시켰다. 당의 9세기 인구는 8,000만 명이나 되었고, 비단길을 장악하여 신라, 발해, 일본, 베트남 등 동아시아 각국의 문화에 영향을 미쳤다. 안사의 난(755~763년) 이후 중앙집권체계는 쇠퇴하였다. 중국 도자기 문화, 목판 인쇄기술 발달, 불교 확산 등 예술과 문화가 융성하였다. 9세기 후반 각지에서 일어난 반란으로 당의 요청을 받은 위구르족은 안사의 난을 제거하기 위해 수도 장안을 쳐들어가 불태워버렸다. 위구르족 군사들이 장안에서 물러날 때 당 귀족들의 유부녀들은 위구르족 군인들에게 첩과 노예로 넘겨졌다. 또다시 황소의 난(875~884년)이 발생하자 장안과 낙양이 약탈당하면서 큰 피해를 보았다. 황소의 난을 진압할 때 군벌들이 성장하였고, 그중 한 명인 주전충이 당을 멸망(907년)시켰다. 당이 멸망한 주요 원인은 다음과 같이 찾아볼 수 있다.

첫째, 당 말기에 지배층의 통치 체계가 붕괴되었으며, 그들의 이권 확대로 백성들의 생활이 피폐해지고 민심은 그들에게 등을 돌렸다. 초기에는 균전제[5]가 확립되어 백성들에게 토지를 균등하게 나눠주고, 국가의 병역을 의무적으로 하는 부병제를 실시하였다. 이러한 제도로 백

---

[5] 균전제 : 국가에서 일정 연령 이상의 남자들에게 토지를 무상으로 나누어 주었던 제도

성들의 생활은 안정되고 국방을 동시에 해결함으로써 번영하였다. 하지만 당 고종 측천무후 이후 국정 혼란으로 균전제도가 흔들리기 시작하였고, 당의 행정력은 정치적 혼란으로 약해져 귀족들은 자기 마음대로 토지의 소유를 늘려갔다. 귀족들의 토지가 늘어날수록 백성들에게 줄 땅은 없어지자, 균전제도는 당 현종 말엽에 붕괴되었다. 모병제를 실시하였으나 근본적인 문제를 해결하지 못하였고, 농민들의 생활은 갈수록 피폐해져 당 말기 농민반란의 주요한 원인이 되었다.

둘째, 절도사를 중심으로 하는 번진체제[6]의 문제는 당을 몰락시키는 결과를 초래했다. 절도사[7]들 간의 전쟁이 잦았으며, 각 지방 절도사들의 군사력이 강하여 중기 안녹산의 난 이후 중앙집권체제는 동요되었고, 사회 및 경제적으로도 불안이 가중되어 당은 쇠퇴하였다. 부병제(농민에게 땅을 주고 대신 군 복무하는 제도)가 무너짐에 따라 새로운 국방체제로 등장을 한 것이 바로 번진체제였다. 절도사들은 물자를 자체 조달하는 대신에 번진 안에서 자체적인 행정, 사법, 조세권 등을 가졌다. 중앙정부의 부담을 가중하지 않은 이점이 있었지만, 물자를 자체 조달하는 절도사의 권한은 너무나 컸다. 중앙권력이 약화하였을 때 이러한 번진체제는 독자적인 세력화를 할 수 있었고, 절도사들의 비행을 막을 수도 없었다. 안녹산의 난으로 인해 중앙 지배력은 약해졌

---

6 번진체제 : 당 중기에 시행한 일종의 변방 방어시스템, 대규모 용병을 지휘하는 장수에게 절도사의 직위를 주고 번진을 설립하게 한 후 그 지역에서 병력과 물자를 자체 조달하도록 한 체제

7 절도사 : 중세 일본이나 중세 유럽에 비하면 지방 영주로 각자 군대 보유

고, 각 지역 절도사가 할거하는 상황이 되었다.

    셋째, 절대권력자의 무능과 방탕한 생활로 간신배들이 득세하였고, 국정이 혼란에 빠지며 곳곳에 난들이 발생하여 당의 기운이 다하였다. 무능한 황제 중에 당 현종은 초기에 온 힘을 기울이며 충신들을 기용하여 국정에 힘썼으나 즉위 20년 후부터 정사에는 관심이 없고 주색잡기(양귀비)에 몰두하여 당을 쇠퇴시켰다. 안녹산의 난도 당 현종 말에 발발했고, 중국에서 회자하는 유명한 간신배들도 이 당시의 인물들이었다.

손자를 넘어 상위 1% 사상으로 올라서기

1. 당신은 당나라의 멸망 원인이 무엇이라 생각하는가?
2. 당신은 군대를 운영하는 방법 중 모병제, 징병제, 번진체제 등 어떠한 방식이 국가에 이롭다고 생각하는가? 그 이유는 무엇인가?
3. 당나라가 천 년 이상 존속하기 위해 필요한 것은 무엇이라 생각하는가?
4. (스스로에게) 관련 내용에 대해 다른 질문을 하고 대답해보세요.

마. 명(明)

　명은 한족이 몽골족의 원나라를 멸망시키고 세운 국가로 1367년 주원장에 의해 건국되어 277년간 존속되다가 1643년에 멸망하였다. 전통적인 유교문화를 회복하면서 정치와 사상이 발전한 시대로 초기에 중신의 반란이 일어나자 재상 자리를 폐지하였고, 환관의 정치 관여를 차단하였으며, 강력한 왕권을 바탕으로 중앙집권제를 실시하여 황제가 각부를 직접 다스렸다. 과거제를 실시하여 인재를 등용하였고, 도시가 번창하고 문화와 예술이 발달하였다. 대외적으로 남부 해안 지역 왜구를 소탕하고 만주족 등 북방 세력들을 방어하기 위해 만리장성을 축성하였다. 왜구와 몽골족의 침입으로 혼란을 겪었으며 말기에 만주족이 세운 후금(청나라)과 1643년 내부의 난으로 멸망하였다. 명나라가 멸망하게 된 주요 원인은 다음과 같이 찾아볼 수 있다.

　첫째, 명 말기에 황제는 무능력하여 정사를 돌보지 않고 사치와 향락에 빠져 환관이 득세하였다. 기득권층에 토지가 집중되어 부를 균등하게 분배하지 못했고, 관리들은 점차 부패하고 토지를 잃은 유민들이 속출하여 전국 각지에서 민란이 일어났다. 몽골족의 난, 묘족의 난, 임진왜란 당시 조선 파병 등으로 국고의 대부분은 고갈되었고, 이자성의 난으로 북경이 함락하는 등 혼란한 틈을 이용하여 후금(청나라)에 의해 손쉽게 멸망하였다.

　둘째, 주변국들과의 외교관계 실패로 계속되는 시달림을 받았다. 초기부터 원나라의 몽골족이 몽골초원으로 돌아가 명과의 전쟁이 지속되었고, 남쪽 왜구의 끊임없는 노략질에 시달리며 국력은 약화하였다. 말기에 만주를 지배한 누르하치가 여진을 통일하고 후금을 세워 명과의 전투에서 연승하며 명을 멸망시켰다.

손자를 넘어 상위 1% 사상으로 올라서기

1. 당신은 명의 멸망 원인이 무엇이라 생각하는가?
2. 당신은 최고 권력자가 삼가야 할 사항들은 무엇이라 생각하는가? 그렇다면 당신은 그러한 사항들을 잘 지키고 있는가?
3. 주변국들과의 외교관계는 과거뿐만 아니라 현재도 매우 중요하다. 대한민국의 외교관계에 대해 어떻게 생각하는가?
4. (스스로에게) 관련 내용에 대해 다른 질문을 하고 대답해보세요.

바. 청(淸)

청은 1616년에 누르하치가 후금을 세우고 국호를 청으로 명했으며, 만주족이 세운 국가이다. 아편전쟁 등 제국주의 열강의 침략을 받아 반식민지화가 되었고, 1912년에 멸망하였다. 청이 멸망한 주요 원인은 다음과 같이 찾아볼 수 있다.

첫째, 외세 침략에 대한 준비 부족으로 서양 세력들에게 연전연패하여 각종 물자를 착취당하였고, 반식민지로 전락하여 백성들은 곤궁해졌다. 청은 외부와 철저히 단절해 세계사의 흐름에서 뒤처졌고, 강대국에 속절없이 당하였다. 청은 300여 년이나 존속되는 동안 세상을 보고 읽는 사상가나 과학자는 없었다. 다수였던 한인들을 경계하고자 화약 무기의 발전을 제한하였고, 청 말기 사용된 화포는 명나라 시대에 사용하던 것이었다. 청의 중화사상으로 서양 국가를 오랑캐라고 무시하였고, 영국은 무역에서 적자가 나자, 아편을 팔아 이익을 취했다. 청은 아편 중독자가 늘어나자, 아편 반입을 금지하였고, 이에 영국은 전쟁을 통해 승리를 이끌며 난징조약 등을 맺어 청을 더욱 착취하였다. 백성들의 생활은 더욱 궁핍해졌다.

둘째, 서양 세력들과 대치하는 상황에서 서태후 등 지도층은 무능력과 국정농단으로 청의 재정을 고갈시키며 청을 파탄으로 이끌었다. 꼭두각시 황제 뒤에서 서태후는 수십 년 동안 실질적인 통치자였지만 자신을 위한 사치스러운 생활로 유명했다. 끼니마다 100여 가지 요리를 먹었고, 매일 밤 남자를 불러 잠자리를 가진 뒤에는 암살하였다. 모든 진보적 개혁에 반대하던 서태후도 입헌 준비, 교육의 진흥 등 신정을 실시하기도 하였으나 세계의 정세변화에 신속하게 대처하지 못해 중국의 반식민지화는 더욱 심해졌다. 서태후는 중국 3대 악녀 중의 한 명으로 알려져 있다.

손자를 넘어 상위 1% 사상으로 올라서기

1. 당신은 청의 멸망 원인이 무엇이라 생각하는가?
2. 당신은 서태후에 대해 어떻게 생각하는가?
3. 당신은 주변국에 대한 대비로 국가별로 무엇을 준비해야 한다고 생각하는가? 그 이유는 무엇인가?
4. (스스로에게) 관련 내용에 대해 다른 질문을 하고 대답해보세요.

| 3 |
세계에서 소멸한 국가

가. 카르타고

카르타고는 고대 페니키아인이 북아프리카의 튀니스만 연안에서 BC 814년 건설한 국가로, 한때 지중해에서 최고의 세력을 자랑하였다. 지중해 통상의 요충지로 해상무역을 통해 발전하였다. 로마를 제압하기 위해 카르타고 한니발 장군은 알프스산맥을 넘어 로마를 기습 공격하였으며, 로마를 거의 굴복시키려는 순간에 카르타고 정치 지도자의 오판으로 회군하게 되었고, 결국 로마군에게 패하여 카르타고는 665년간 존속하다가 BC 149년에 멸망하였다. 로마 정복을 목전에서 놓쳤던 카르타고는 왜 멸망하였는지 그 주요 원인은 다음과 같이 찾아볼 수 있다.

첫째, 지도층의 전략적 마인드는 로마가 카르타고보다 한 수 우위였으며, 로마가 절체절명의 위기에 놓였을 때 로마를 지켜냈다. 카르타고와 로마는 지중해 해상권을 두고 격돌하였다. 모두 3차에 걸쳐 전쟁을 치렀으나 로마가 승리하였다. 2차 전쟁 때 카르타고 한니발 장군

(BC 247~183)은 알프스산맥을 넘어 로마를 점령해 나갔다. 한니발 장군은 보병 9만 명, 기병 1만 2천 명, 코끼리 37마리의 대군을 거느리고 출정하였고, 알프스를 넘었을 때는 그의 곁에 보병 2만 명, 기병 6천 명 정도였다. 한니발 장군의 기습공격은 로마군을 혼란에 빠뜨렸고, 로마 점령을 목전에 두었다. 이때 로마 원로원에서는 스키피오 장군에게 로마는 부녀자 등을 포함하여 어떻게든 지켜낼 터이니 군사들이 출동하여 비어 있는 카르타고를 공격하라고 명령하였다. 이에 놀란 카르타고 원로원에서는 한니발 장군에게 즉시 회군하여 카르타고를 지켜내라고 명하는 치명적인 실수를 하였다. 이 시점에서는 누가 먼저 항복을 받아내느냐가 관건이었다. 한니발 장군을 로마에서 물러나게 함으로써 로마를 점령할 기회를 영원히 상실한 것이었다. 결국 한니발 장군은 회군하여 추가 보급도 없이 지친 몸으로 스키피오 장군과 맞섰지만 패했다.

둘째, 전투에서 보여준 로마 스키피오 장군의 전략적인 지략이 명장 한니발 장군을 격퇴하였다. 스키피오 장군은 카르타고 원정길에 올랐지만, 카르타고를 직접 공격하지 않고 카르타고 보급로 지점들을 점령하고 포위하였다. 이에 카르타고 원로원들의 전투 간섭이 시작되었고, 한니발 장군을 로마에서 회군시켜 휴식과 보급도 없이 곧장 스키피오 장군과 싸우라고 지시하였다. 카르타고 원로원에서는 한니발 군대가 혹시나 쿠데타로 위협이 되지 않을지 두려웠고, 그래서 카르타고에 들어오지 말고 곧장 스키피오 군대를 뒤쫓으라는 등 전투 간섭을 하였다. 스키피오 장군은 전력 충원, 충분한 휴식 등 전력 우세에 충실하면서 결전에 유리하고 대피소가 없는 사막 지역을 선택하여 싸웠다. 공성을 회피하고 상대의 피로감 등 약점을 이용하여 전투 시기를 정하였다. 스키피오 장군은 한니발 장군에게 첫 전투에서는 패했지만, 그 이후부터 전투는 모두 승리하였다. 결국 무능하고 부패한 카르타고 원로원은 로마에 대한 모든 전쟁 배상금의 부담을 떠안았지만, 이를 하층민들에게 부담시킨 것은 물론 배상금을 횡령하는 일도 서슴지 않았다. 카르타고 원로원의 사고는 이미 패할 수밖에 없었고, 실제 전투에서 이를 확인시켜 준 것뿐이다.

손자를 넘어 상위 1% 사상으로 올라서기

1. 당신은 카르타고의 멸망 원인이 무엇이라 생각하는가?
2. 당신은 한니발, 스키피오에 대해 어떻게 생각하는가?
3. 당신은 카르타고 원로원의 판단에 대해 어떻게 생각하는가? 당신이 카르타고 원로원이었다면 어떤 전략을 사용할 것인가?
4. (스스로에게) 관련 내용에 대해 다른 질문을 하고 대답해보세요.

나. 소련(蘇聯)

소련은 유라시아 대륙의 북부에 있는 여러 소비에트 사회주의 공화국으로 구성된 사회주의 연방국이다. 정식 명칭은 소비에트 사회주의 공화국연방(Union of Soviet Socialist Republics, USSR)이며 구성 국가는 러시아, 우크라이나, 벨라루스, 우즈베크, 카자흐, 아제르바이잔, 키르기스, 타지크, 에스토니아, 아르메니아, 투르크멘, 몰다비아, 그루지야, 라트비아, 리투아니아 등 15개 공화국이다. 1922년 12월 소비에트 연방을 결성하여 공산당 일당독재에 의한 강력한 중앙집권의 연방을 이루었다.

1985년 고르바초프의 등장과 함께 일련의 개혁 정책의 여파로 1989년 동, 서독이 통일되고, 공산주의 국가들은 시장경제를 지향하게 되면서 개혁의 소리가 높아졌다. 1991년 보수파의 쿠데타가 발생하자 이를 무력화시킨 옐친은 급진적인 개혁을 단행하였다. 1991년 공산주의 포기와 해체를 계기로 각 공화국이 독립을 강행함으로써 소련은 급속히 붕괴하였다. 연방 해체 후 라트비아·에스토니아·리투아니아 등 발트 3국을 제외한 12개 독립공화국이 1992년 1월 독립국가연합을 형성함으로써 소련은 70여 년 만에 정식으로 사라지게 되었다. 소련 멸망의 주요 원인은 다음과 같이 찾아볼 수 있다.

첫째, 정치 지도자가 체계적이고 단계적인 개혁을 충분히 고려하지 못하였다. 1985년 공산당 서기장 고르바초프는 개방(글라스노스트)과

개혁(페레스트로이카)을 기치로 개혁을 시작했다. 국내외 정세를 충분히 헤아리지 못하였고, 개혁은 오히려 혼란한 상황으로 치달았다. 당시 레이건 미국 대통령은 사우디아라비아를 압박하여 국제 원유가격을 낮게 유지하였다. 원유 수출로 지탱하던 소련의 재정은 악화하였다. 이때 미국 우주 무기 등 스타워즈 계획에 맞서 과도한 군비경쟁 비용으로 지출한 소련 체제는 지탱하기에 어려울 정도로 경제가 파산 직전이었다. 경제적으로 어려워지자 9년간의 아프가니스탄 전쟁을 포기하였고, 1988년에 철군하였다.

소련의 개방정책으로 언론 자유와 정치범 석방 등이 이루어지자, 중앙정부 권력은 급속히 약화하였다. 비효율적인 국영기업을 보조하기 위해 정부 재정지출이 급증하면서 1989~1990년 정부는 사실상 파산 상태에 처했다. 국민은 생필품을 배급받으려고 수 킬로미터의 줄을 서야 했다. 소련의 국방장관 등 보수 강경파는 1991년에 고르바초프의 개혁을 되돌리려는 쿠데타를 일으켜 고르바초프를 권좌에서 몰아내고 보수파의 세력을 회복하려 했지만, 국민은 쿠데타 세력에 격렬히 저항했다. 당시 옐친 러시아 연방 대통령은 국민과 함께 쿠데타 세력을 제압하였고, 고르바초프의 힘은 급속도로 약화하였고 소련은 무너지고 말았다.

둘째, 계획경제의 실패와 초과한 군비경쟁 등으로 국민이 경제적인 궁핍에 빠지자, 공산당 체제는 민심 이반으로 더 이상 지탱할 수 없었다. 소련 스타일의 경제 부흥 정책이나 비전도 없었으며, 오직 계획경제에만 치중하여 실패하자 지지를 받지 못하였다. 이때 소련의 개방과 개혁의 영향을 받아 1989년 동유럽 여러 나라에서는 민주화 혁명이 일어났고, 공산당 정권은 무너져 내렸다. 소련 내 개별 공화국은 동유럽 민주화로 제각각 주권을 선포하려는 움직임을 보였고, 연방 탈퇴를 허용한 헌법 72조를 근거로 독립을 거론하였다. 고르바초프는 국민투표에서 3분의 2가 찬성하면 연방에서 탈퇴할 수 있게 한 법안을 통과시켜 각 공화국이 연방을 해체할 수 있는 법적 근거를 제공하였다.

총 15개 연방공화국 가운데 9개 공화국이 잔류하였다가 이후 라트비아, 리투아니아, 에스토니아 등 발트해 연안 3국이 소련에서 독립하였고, 소련의 종말을 고했다. 소련 대통령이었던 고르바초프는 사임하였고, 보수파 쿠데타를 저지했던 러시아 옐친 대통령에게 권한이 넘어갔다. 소련 최고회의는 소련 해체를 선언하였고, 소련 국기가 크렘린궁에서 내려졌다. 러시아는 소련의 합법적인 승계국으로 국제무대에서 인정받았다. 군과 치안 기구도 물려받았고, 소련의 외채도 떠안았으며, 대외 자산도 모두 승계하였다.

손자를 넘어 상위 1% 사상으로 올라서기

1. 당신은 소련의 해체 원인이 무엇이라 생각하는가?
2. 당신이 고르바초프였다면 소련을 어떻게 활용하고 통치하였겠는가?
3. 소련은 거대한 경제 공동체를 만들어 막대한 부를 창출하고 선진국 대열에 오를 수 있었다. 결국 세계 패권국가의 기회를 상실하였는데 소련이 패권국가 기회를 만들기 위한 조건은 무엇이라 생각하는가?
4. (스스로에게) 관련 내용에 대해 다른 질문을 하고 대답해보세요.

제4장

쇠퇴한 국가들

| 1 |
그리스

그리스는 발칸반도 남단과 주변 도서로 이루어졌으며, 인구 1천만여 명으로 수도는 아테네이다. 인구는 그리스인이 97%이고, 나머지는 터키인·유대인·알바니아인 등 소수민족으로 구성되어 있다. 언어는 그리스어이며 그리스정교가 국교로서 국민의 98%가 신봉하고, 그 외 1.3% 국민은 이슬람교 등을 믿는다. 전통적인 농업국이지만 식량은 수입에 의존하고 외화 획득의 주산업은 해운업과 관광산업이다. 약 3,500년 전 유럽문화의 발상지로 그리스의 고유한 문화는 기원전 750년경에 성립되었다. 마케도니아에 의해 기원전 4세기에 정복당한 이후 로마·오스만튀르크에 의해 지배를 줄곧 받아오다가 1829년에 정식으로 독립하였다.

해안선 길이는 13,676km로 지중해 지역에서 가장 길고, 세계에서는 11번째로 길다. 제2차 세계대전 이후부터 1973년까지 연평균 7%의 고속 성장을 하여 그리스의 경제 기적이라 불렀다. 1980년까지만 해도 유럽에서 재정이 건실한 나라였으며, 국가 부채비율이 20%대로 영국, 노르웨이, 네덜란드 등의 절반 수준이었다. 재정적자가 나지 않아야 한다는 황금률을 적용했던 그리스는 민주주의와 서양 철학, 서양 문학, 올림픽, 정치학, 과학적·수학적 원리, 서양 희곡 등 서양 문명의 발상지였다. 2차 세계대전 후 마셜플랜(미국의 유럽 16개국 원조제공)의 혜택을 받았으며, 1970년대까지 조선, 자동차 산업, 석유화학, 석유정제 등이 발달하였다. 하지만 그리스 경제는 1981년도부터 하락하여 3차례에 걸쳐 유로 구제금융을 받았고, 2018년이 돼서야 겨우 구제금융에서 탈출하였지만, 여전히 그리스 경제는 불안하다. 그리스가 이토록 쇠퇴하게 된 주요 원인은 다음과 같이 찾아볼 수 있다.

첫째, 정치 지도자의 잘못된 신념이 국가의 존립과 국민의 삶을 위태롭게 하였다. 1981년 총선에서 당선된 중도 좌파 성향의 파판드레우 총리는 '국민이 원하는 건 다 줘야 한다'라는 구호를 내걸며 재정을 통한 소득 재분배 정책을 폈다. 대표적인 정책이 공무원 증원이었다. 취임 1년 만에 공공부문 임금 지급액은 33.4%나 증가했다. 선별적 복지에서 보편적 복지로 전환하여 소득과 상관없이 전 계층에 무상교육과 무상의료를 시행했다. 국가채무비율이 불과 9년 만에 100.3%로 치솟았다. 과도한 복지로 인해 GDP 대비 복지지출은 세계 12위 수준으로 일본, 미국보다 높은 수준이었다. 결국 2010년, 2012년 2차례에 걸쳐 유로 구제금융을 받았고, 상환능력 부족으로 2015년 디폴트(채무불이행) 선언을 하였다.

둘째, 사회에 만연한 무사 안일주의로 경각심이 사라졌다. 공무원은 무능력해도 퇴직 후 연금으로 생활이 보장되었고, 공무원직에 대한 매

관매직도 있었다. 공무원은 5년만 근무해도 연금 수령이 가능했고, 불필요한 공무원과 안정적인 공무원 생활은 정부 조직을 부패하게 하였다. 세금은 봉급자 위주로 납세하고, 부유층은 탈세해도 처벌하지 않는 등 공정과 법치가 정상 작동되지 않았다. 그리스의 쇠퇴는 당연한 수순이었다.

손자를 넘어 상위 1% 사상으로 올라서기

1. 당신은 그리스의 쇠퇴 원인이 무엇이라 생각하는가?
2. 그리스의 쇠퇴 원인 중 우리나라가 금지해야 하는 것은 무엇이라 생각하는가?
3. 당신은 그리스가 과거 번영을 되찾기 위해 필요한 것은 무엇이라 생각하는가?
4. (스스로에게) 관련 내용에 대해 다른 질문을 하고 대답해보세요.

| 2 |
베네수엘라

　베네수엘라는 남아메리카 북부 카리브해에 위치한 나라로 1498년 콜럼버스 탐험대에 발견되어 300년간 스페인의 지배를 받아오다가 1821년에 독립하였다. 1819년부터 콜롬비아, 에콰도르와 함께 대콜롬비아공화국을 이루다가 1830년에 완전한 독립국가가 되었다. 석유수출국기구 가입국이며, 원유 매장량 세계 1위(BP 2020 통계자료)로 차고 넘치던 오일달러로 중남미 국가에서 가장 부유한 생활을 했던 나라였다. 2021년 베네수엘라 정부는 부패하고 통제력을 잃은 지 오래였고, 일부 지역은 조폭이 장악하였다. 세계 최대 원유 매장량을 보유하면서도 살기 힘들고 치안이 불안하여 위험한 나라로 전락하게 된 주요 원인은 다음과 같이 찾아볼 수 있다.

　첫째, 차베스(4선, 1999년 2월~2013년 3월) 정권의 장기집권은 국민의 인기에 치우쳐 무제한 퍼주기식 복지로 국민에게는 영웅이었지만 베네수엘라를 몰락시켰다. 차베스는 남미의 대표적인 반미주의자로 미래를 위한 투자는 하지 않았다. 초기 포퓰리즘 정책은 석유 가격 상승으로 확보된 막대한 재정으로 무상교육, 복지정책 남발, 화폐 남발 등을 실시하여 국민은 역대 최고의 대통령인 양 차베스를 찬양하였다. 하지만 넘쳐나는 화폐와 잉여통화로 물가 상승이 1~2배가 아닌 100배, 200배, 500배, 1,000배로 급등하여 화폐가치가 쓰레기로 전락하였다. 한 달 치 월급으로 휴지 몇 개만 구입할 수 있었다. 과도한 포퓰리즘으로 세계적인 산유국 베네수엘라가 몰락하여 빈민들은 쓰레기통을 뒤지고 일부 여성들은 단돈 몇 달러에 몸을 파는 나라로 몰락하였다. 2013년부터 현재까지 차베스 정권을 이어받은 마두로 정권이 집권하고 있지만 세계에서 가장 가난한 나라가 되었다.

둘째, 낮은 시민의식은 지도층으로 하여금 국가 경쟁력이나 국민 삶의 개선에 무관심하게 만들었고, 복지정책 남발 등 가장 손쉬운 정책을 펴도록 하였다. 베네수엘라는 차고 넘치는 오일달러가 있음에도 불구하고 미래를 대비하여 국제경쟁력이 있는 기술개발이나 산업에는 투자하지 않았다. 오일달러를 활용하여 석유생산 시설을 경쟁력 갖춘 최신 생산설비로 구비하지 않았고, 무제한 퍼주기식 복지에만 일관했다. 국제유가 폭락으로 생산원가에도 못 미쳐 세계적인 석유자원국이지만 최악의 빈곤 국가로 몰락하였다.

또한 국가 경쟁력을 갖추기 위해 주변국들과 실리 외교를 해야 하지만 자신들의 집권을 위해 사회주의만을 고집하여 국민의 삶을 파탄으로 이끌었다. 이러한 정권에 시민들의 날카로운 비판이 있었다면 최악의 경제난으로 고통받지는 않았을 것이다. 현재 베네수엘라는 주유소 찾기가 힘든 산유국이고, 원유시설이 낙후해서 석유 생산이 제한되는 나라, 자동차에 33리터 주유하고도 칫솔로 지불하면 더욱 좋아하는 나라, 쌀 한 봉지나 우유를 주면 주유소에서는 더욱 좋아하는 나라, 많은 가정의 가장은 해외로 돈벌이해야만 가족 생계가 유지되는 나라로 전락하였다.

손자를 넘어 상위 1% 사상으로 올라서기

1. 당신은 베네수엘라의 쇠퇴 원인이 무엇이라 생각하는가?
2. 베네수엘라의 쇠퇴 원인 중에 우리나라가 금지해야 하는 것은 무엇인가?
3. 세계 최대의 원유 매장량을 가진 베네수엘라가 성장하고 잘 살기 위해 당장 해야 할 것은 무엇이라 생각하는가?
4. (스스로에게) 관련 내용에 대해 다른 질문을 하고 대답해보세요.

| 3 |
아르헨티나

　아르헨티나는 남아메리카 동남쪽, 대서양 연안에 위치하고 해안선의 길이는 820㎞나 된다. 인구는 4천 5백여만 명이고, 언어는 스페인어를 사용한다. 1516년에 발견되어 1580년에 스페인 식민지가 되었고, 1816년에 독립하였다. 독립 이후 1930년까지 농목 국가로 번영을 누렸다. 이후에는 사회주의 정책과 군부 쿠데타의 반복으로 정치적 불안이 계속되었고, 1982년에는 영국과 포클랜드 전쟁에서 패하였다. 한때 이탈리아 사람들이 이민을 아르헨티나와 뉴욕 중 하나를 고민할 정도로 부강하였다. 비옥한 초원 팜파스와 농축산물 수출로 비약적인 성장을 하였다.

　1900년 초 세계 5대 부국 국가였다. 1913년 한국은 일제 식민지 초기였으나 아르헨티나 수도에는 지하철이 다닐 정도였다. 아르헨티나는 2차 세계대전 이후부터 서서히 쇠퇴의 길을 걸었다. 2019년 12월에는 디폴트(채무불이행)를 선언하였고, 2020년에는 사상 최대금액의 구제금융을 받았다. 1958년 이래 구제금융을 22번이나 받았으며, 사실상 70여 년 내내 경제적인 빈곤이 이어졌다. 아르헨티나는 매일같이 인플레이션 악화로 페소화 가치하락, 살인적인 물가 상승, 깊은 경기침체 등으로 탈출구가 없어 보인다. 아르헨티나가 이토록 쇠퇴한 주요 원인은 다음과 같이 찾아볼 수 있다.

첫째, 정치 지도자의 인기 영합주의로 국가 경쟁력에는 무관심하고 선거권을 지닌 국민에게는 지나친 포퓰리즘 정책을 시행하였다. 결국 국가와 국민 모두를 도탄에 빠뜨렸다. 1946년 페론 정권이 집권하면서 공공지출은 폭발적으로 증가했다. 정부지출은 3년 만에 25%에서 40%를 넘었고, 돈이 풀리자 물가 상승은 19%에서 5년 만에 50%를 넘어섰다. 가난한 사람에게 국가재정을 투입하고 기업을 국유화하여 경쟁력을 상실하였으며 노동단체 활성화로 임금은 상승하였다. 초기에는 빈부격차가 해소되고 중산층이 증가하여 주민들에게 환영받았으나 이로 인해 국가부채는 급속히 증가하였고, 국제기구에 돈을 빌려 복지정책을 지속 시행하였다.

이때 오일쇼크로 경제난 악화와 국민 불만 등을 이용하여 쿠데타로 비델라 군부가 집권하였다. 비델라 정권은 국유기업을 해외에 헐값으로 매각하고 국채를 남발하여 일부는 자신의 주머니로 착복하였다. 인플레 발생으로 돈을 빌린 자국 내 기업들이 줄도산하고, 이를 막으려고 기업 빚을 탕감하는 정책을 시행했다. 부족한 돈은 복지정책 축소와 노동자 임금을 삭감하여 충당하였는데 국민의 불만을 잠재우기 위해 1978년 올림픽을 개최하여 심판들과 조작하여 축구를 우승시켰다. 민주화를 부르짖던 국민의 불만은 잠시나마 사그라들었으나 돈을 갚기 위해 외국돈 차입, 국채 발행, 국유기업 매각 등으로 돌려막기 한계에 이른 비델라 정권은 국민 저항으로 1981년 퇴임하고 함께 쿠데타를 일으킨 동료에게 정권을 이양하였다. 국민 불만을 외부로 돌리기 위해 1982년 영국과 포클랜드 전쟁을 일으켜 참패했으나 승리했다고 국민을 호도하였지만, 곧 들통나 또다시 동료에게 정권을 이양하였다.

군부정권은 1989년 카를로스 문민 정권에 이양되었고, 카를로스 정권은 긴축정책, 국영기업 민영화 등 경제체질 개선, 화폐개혁 단행, 고정환율제 등을 시행하였으나 정권 말기에는 수출경쟁력을 상실하여 국가채무가 급증하였다. 이는 2001년 대규모 채무불이행으로 이어졌다. 2003~2015년 좌파 집권 동안 정부가 지급하는 연금과 월급은 2배로 올랐고 연금이나 월급을 받는 국민은 40%나 되었다. 저소득층에는 매월 일정액을 지급하였고, 모든 학생에게는 최신의 아이패드를 무상으로 지급하였다. 그 여파로 8번의 국가부도 선언, 22번의 구제금융을 받았으며 금융부채는 감당할 수 없는 수준이 되었다.

둘째, 지도자의 객관적이고 올바른 판단이 부족하였고, 이를 감시하고 평가하기보다는 방치하는 국민성도 문제였다. 2003년부터 2007년까지 원자재 붐이 일어났을 때 중국 수요에 맞물려 원자재 수출로 엄청난 부를 축적했다. 벌어들인 돈은 국가 경쟁력을 높이는 인프라에 투자하지 않았다. 정부는 공무원 증원, 에너지·가스·전기·기관에 보조금을 과도하게 지원하여 재정적자가 확대되었고, 높은 인플레이션으로 페소화 가치는 하락하였다. 아르헨티나는 만성적 재정적자를 메

꾸기 위해 막대한 외채를 빌렸지만, 부채 상황을 타개하고 국가 경쟁력을 높일 수 있는 역량이 부족하다는 게 문제이다.

> **손자를 넘어 상위 1% 사상으로 올라서기**
>
> 1. 당신은 아르헨티나의 쇠퇴 원인이 무엇이라 생각하는가?
> 2. 아르헨티나의 쇠퇴 원인 중에 우리나라가 금지해야 하는 것은 무엇인가?
> 3. 아르헨티나는 IMF 구제금융(빚), 인플레이션 등을 어떻게 벗어날 수 있을까?
> 4. (스스로에게) 관련 내용에 대해 다른 질문을 하고 대답해보세요.

제5장

대한민국의
갈등 요인들

| 1 |
정치적 이념 갈등

　사회적으로 정치적 이념의 갈등은 필요하고 없앨 수는 없다. 보수와 진보는 서로 보완적인 관계를 통해 사회를 더욱 발전시켜 나가기 때문이다. 한 분야에 정책을 시행할 때 보수의 장점, 진보의 장점 등을 고려하여 정책을 최적화하면 시행착오도 줄일 수 있고 정책 효과도 극대화할 수 있다. 하지만 현실은 다르다. 한쪽 진영이 정권의 지도층이 되면 다른 진영이 추구해왔던 정책들을 무시하거나 심지어는 폐기해버리기까지 한다. 잘 시행해오던 정책들이 중지되면 그 정책을 추종하는 많은 이들로 인해 사회적 혼란이나 갈등은 심화할 수밖에 없다. 사회가 앞으로 나아가야 하는데 갈등만 커지는 것이다.

　양 진영의 이념 논리가 강하면 정권이 바뀌면 이전의 정책들이 바뀔 수 있다는 생각에 정책을 시행하는 공무원들은 일을 추진하기보다는 몸을 사리면서 복지부동할 수 있다. 보수와 진보로 나뉘어 상호 비방만을 일삼는다면 국가적으로 큰 재앙이다. 국가의 지도층은 비전과 목표를 제시하고 국민을 단합시켜 한 방향으로 가야 국가 간의 치열한 경쟁력에서 이길 수 있다. 오히려 지도층에서 국민을 이간질하는 행위는 국가의 재앙으로 이를 심판할 수 있는 유일한 것은 투표권을 지닌 국민의 몫이다.

국민의 의식이 성숙하여 국가와 사회에 해악을 끼치는 정치인들을 발본색원하여 퇴출해야 한다. 또한 나와 정치적 이념이 다르다고 상대에 대한 허위 사실 등을 유포하여 지나치게 비방하는 사회적 분위기를 방치하는 것도 국가의 재앙이다. 이런 분위기가 심해지면 정치적 갈등이 격해지고 상대 진영을 겨냥해 설익은 공방, 막말, 모욕적인 언사가 도를 넘을 수 있다. 정치권은 극렬 지지층 눈치를 살피며 유불리에 따라 갈등을 더 조장할 수 있다. 이를 적극적으로 대처하기 위한 법적·제도적 장치를 마련하고, 상대를 존중하고 배려하는 사회적 분위기를 만들어야 한다.

2

저출산 · 고령화

　대한민국의 가장 심각한 문제인 저출산 · 고령화는 인구 쇼크를 넘어 인구절벽이라는 표현까지 등장하고 있다. 이러한 추세는 정치, 경제, 사회, 문화, 국방 등 국가 전 분야에 크게 위협이 될 전망이다. 로마제국의 멸망은 군인수 감소가 결정적이었고, 그래서 돈을 사서 용병으로 대체하였다. 국방 분야의 예를 들면 대한민국 군대도 군에 입대하는 젊은이 감소로 비상이 걸렸다. 일정 숫자의 군인들이 병역의무를 해야 최전방을 지키고, 장비와 무기들을 운영할 수 있지만 이마저도 쉽지 않아 보인다.

　세계 저널들은 대한민국이 인구감소로 소멸하는 첫 번째 국가일 것이라고 비아냥거리기까지 하고 있다. 이렇게까지 출산율이 저조한 이유는 육아 환경, 주거, 교육, 인식 등 복합적이다. 기존 세대들은 일부이겠지만 담합하여 집값을 천정부지로 올려놓고 젊은이들에게 대출 받아 집을 사라며 내놓고 있다. 대학에 입학하여 열정을 갖고 꿈을 향해 노력하는 젊은 학생들은 대학가 주거비용으로 시름하고 있다. 공부에 매진하기보다 월세를 어떻게 낼 것인가 고민하며 알바에 매달리고 있다. 대학가 집주인들은 월세에 지장이 있다며 학교에 기숙사 건립도 반대하고 있다.

주거비용인 월세나 전세가 소득 속도에 맞게 일정 부분 오르는 게 아니라 일부 담합 세력들에 의해 감당할 수 없는 수준으로 올라버린 것이다. 이러한 주거비용도 저출산에 크게 기여를 하였다. 결국 저출산으로 가까운 미래에는 빈집이 창궐할 것이고, 베이비붐 세대 정년 은퇴로 노인들은 기하급수적으로 증가할 것이다. 노령화로 건강보험 등 각종 복지비용은 천문학적으로 늘어나는데 저출산으로 세금 낼 사람이 적어 국가 예산도 부족해지고 있다. 이런 저출산, 고령화 추세라면 대한민국은 국가 간 경쟁에서 불을 보듯 뒤처질 것이다. 심각한 위기의식을 갖고 저출산·고령화에 대해 선제적으로 대응해야 한다.

| 3 |
지역갈등

　지역갈등은 어느 사회에서나 정도의 차이는 있지만 나타나고 있는 현상으로 이를 잘 활용하면 지역발전이나 성장을 촉진할 수 있지만 지역이기주의에 몰입되면 사회나 국가 발전을 저해하는 양면성을 가진다. 지역갈등은 지역민들이 바라는 가치, 지위, 권력과 자원을 쟁취하고 상대방 행위를 저지하려는 지역의 공동의식이다. 지역 공동체 의식, 지역이기주의 등이 지역감정으로 표출되어 지역갈등을 초래하고 있다. 대한민국에서 대표적 지역갈등 한 가지 사례를 들자면 영호남의 지역갈등이다. 자신들의 정권 창출 또는 이권 유지를 위해 지역문제를 정쟁화하고 더욱 부추겨 그들의 정치적 목적을 달성하는 데 이를 활용하였다. 과거 국토개발계획의 지역 불균형 개발, 영향력 있는 위치에 특정 지역 인재를 등용하여 불평등 기회를 부여함으로써 지역감정을 자극하기도 하였다.

　일부 지역 언론은 상업적 이익에 따라 지역주민들의 관심사에 대해 자극적 보도를 한다거나 지역 여론 지지층과 밀접한 관계를 유지하면서 여과 없이 또는 의도적으로 편향된 보도를 함으로써 지역감정을 부채찔하기도 하였다. 정책을 주도하는 정치 지도자들은 지역감정의 순기능을 확대하고 발전시켜 지역사회와 국가에 기여해야 한다. 지역감정을 자신의 이익에 이용하려는 세력들은 현재와 미래를 위해서 국민에 의해 과감히 배척되어야 한다. 항상 존재하는 지역갈등을 해결하고 미래 지향적인 지역사회를 만들기 위해 현명한 지혜를 모아야 한다.

| 4 |
세대 갈등

　세대 갈등은 세대 차이로 나타나며, 서로 다른 세대들 사이에 있는 감정이나 가치관의 차이를 말한다. 개인이 경험하는 역사적 사건과 사회적 기준이 시대에 따라 변하면서 정치, 경제, 사회, 문화 현상을 바라보는 가치관이 세대 간에 다르게 형성된다. 정보화 시대로 바뀌면서 개인화, 탈권위적이 되며, 노인 세대들에게는 디지털 정보 소외를 가져오고 저출산, 고령화, 인구감소로 핵가족화가 가속화되어 일인가구 증가로 다세대화가 되었다. 산업화 세대는 6.25전쟁 등을 경험하며 잘 살아보겠다는 일념으로 살아왔고, 민주화 세대는 대학 졸업 후 취업은 쉬웠지만, 구조조정, 정리해고가 일상화되던 고용불안의 시대에 살고 있다. 정보화 세대는 탈정치 문화주의, 실용주의에 가치를 두면서 문화적 동질감, 부부 중심의 가족을 중히 여기고 있다.

　이러한 세대 갈등에는 부모 부양 문제, 정치이념 차이, 일자리 경쟁, 온라인 및 스마트기기 접근 등이 자리하고 있으며 가족, 경제, 정치, 문화 등 다양한 분야에서 나타나고 있다. 이러한 세대 갈등은 자연스러운 현상이며, 신구 세대들이 갈등으로 비화하지 않고 조화롭게 사회 적응이 되도록 사회 제도적으로 잘 마련되어야 한다. 사회적, 정치적, 경제적 위치에서 우월한 지위를 갖고 있는 기성세대가 먼저 청년세대가 요구하는 청년 주거와 일자리 등에 관심을 기울이며 실질적인 지원을 모색하고 실천하여 세대 갈등을 해소하려는 적극적인 자세를 가져야 한다.

| 5 |
사회계층 갈등

　국가 내부에 차별적인 계층이 존재하면 해당 국가는 성장보다는 갈등의 연속으로 쇠퇴하게 된다. 대한민국에 사회계층은 존재한다고 본다. 첫 번째 계층은 일제강점기와 6.25전쟁, 4.19혁명. 5.16군사정변을 거치면서 형성된 계층으로 선진 교육을 일찍 받아 진출한 부류들로 격변기에 많은 부를 쌓은 계층이다. 두 번째 계층은 대학 교육을 받은 사람들로 구성된 중산층으로 전문직을 가진 경우가 많고, 대학 교육은 받지 못했어도 전문성을 갖고 사회의 근간을 이루고 있는 계층이다. 세 번째 계층은 서민층으로 일상생활에 별 위협을 받지는 않으나 국가 지원이 없으면 의식주 생활에 위협을 느끼는 생활보호 계층이다.

　사회적으로 계층의 세습문제가 논란이 되었는데 부모의 지위가 중산층 이상이면 자녀들도 좋은 대학을 나와 중산층 이상이 될 확률이 높다는 평가가 나왔다. 2020년 코로나19 사태를 겪으면서 사회계층에 따른 위험이 극명하게 나타났다. 계층 갈등이 표면화할 위험이 높아지고 있으며, 이는 사회통합적 관점에서 바람직하지 않다. 사회경제적 불평등 및 양극화 현상이 지속적으로 확산하고 있는 양상이다. 사회계층

간 통합을 위해 예방을 강화하는 선제 대응이 효과적이며, 계층 갈등 해결 프로세스 등 제도적 장치와 합의 등이 정착되도록 해야 한다. 내부적으로 불만과 갈등은 개인들의 피로를 증가시키고, 사회와 국가 번영에도 암적인 존재이다.

| 6 |
남녀 갈등

　남녀 갈등은 여성도 군 복무해야 한다는 주장, 직장 여성의 경우 일과 육아로 조직에 어려움을 준다는 주장, 여성에게 관대하고 친화적인 조직문화, 맞벌이를 하면서도 가정에서 살림과 육아를 도맡아야 하는 가정생활 등에서 일어나고 있다. 군 복무를 한 남성에게 공무원 취업에 가산점제 부여가 위헌 결정이 내려지자, 군필 남성을 중심으로 불만을 쏟아내며 여성도 군 복무를 하자고 주장했다. 일부 여성 단체에서도 전투병이 아닌 군 행정, 근무지원 등을 통해 국토방위에 참여할 수 있음을 제기한 상태이다.

　남녀평등에 관한 논의가 발전하고 국민의 기본권 의식이 높아짐에 따라 병역의무를 남성에게만 부담을 지는 것이 과연 타당한가라는 논의가 일고 있다. 노르웨이는 국가적으로 양성평등 원칙을 위해 여성 징집을 의무화했다. 저출산·고령화 시대에 따른 여성의 군 병역 확대는 충분한 논의가 필요해 보인다. 또한 직장 여성의 경우 직장과 가정으로 역할이 확대되면서 가족 내에서의 역할 변화로 갈등이 증가하고 있다. 기혼 직장 여성은 가사, 자녀 양육, 직장생활을 병행하기 위해 친척들의 도움을 받아야만 직장생활이 가능한 부담이 있다. 이러한 남녀 갈등은 사회적 합의와 제도의 뒷받침으로 충분히 해결할 수 있는 부분이다. 사회 제도적으로는 남녀 모두 평등하게 대우하고 존중받아야 하며, 이를 통해 국가 경쟁력을 높이는 데 기여해야 한다.

| 7 |
다문화 가정 증가로 문화적 갈등

결혼 이주 여성들은 대한민국 사회에서 가장 큰 어려움으로 문화적 부적응을 호소하고 있다. 부부간에 언어소통 제한으로 상호 이해가 부족하여 문화적 갈등을 겪게 된다. 시간이 지나 부부간 문화적 갈등이 해소되고 나면 태어난 자녀도 문제가 심각하다. 농어촌에는 다문화 가정에서 태어난 아이가 대부분을 차지한다. 오히려 토박이 아이 한두 명이 그들 사이에 생활하고 있으면 왕따를 당하기도 한다. 다문화 가정에서 태어난 아이는 다른 외모와 학습 부적응, 언어습득 지체, 또래 아이들 무리에서의 이탈 등으로 교육적으로나 정신적으로 심각한 상황이다. 언론보도에서 다문화 가정의 부정적 측면이 집중적으로 보도되면서 다문화 가정에 대한 부정적 인식이 확산하였고, 가정 폭력, 연간 가구소득이 2,000만 원 미만 등의 경제적 빈곤, 농어촌 지역에 주로 거주하여 교육 수준도 저조하다.

2021년 초중고생인 다문화 가정 자녀는 2016년에 비해 67% 증가한 14만 명을 넘어섰다. 다문화 학생 비중이 1.7%에서 2.8%로 증가한 것이다. 군대는 다문화 장병이 2011년 입대를 시작으로 2020년 기준 약 3,000여 명의 다문화 장병이 근무하고 있다. 현재 복무 중 특이한 제한 사항은 없으나 본격적으로 다문화 가정의 자녀들이 군에 입대할 때 이들의 문화의 차이로 병영 생활 간에 갈등이 발생할 수 있다. 저출산으로 다문화 가정을 국방의무에서 제외하기도 쉽지 않다. 아직 우리 사회는 다양한 인종, 종교, 언어, 문화에 대한 이해와 수용성이 부족한 것이 사실이다. 다문화 군대로의 변화는 우리의 불가피한 상황이 되었다. 따라서 다문화 군대로의 변화에 대한 효율적인 대비 방안도 차질 없이 진행되어야 한다.

| 8 |
민군 갈등

개인의 권익 강화와 지방분권화는 개인과 지방의 권리 신장과 권익 보호에 대한 의식 강화를 가져왔지만, 권익 침해나 이권적인 문제에서는 매우 민감하다. 이러한 사회적 환경변화로 90년대 중반 이후 민군 갈등이 폭증하였고, 군 점유지 이전 및 사유지 사용 보상 요구 등 복잡다단한 양상을 보였다. 민군 갈등은 외면적으로 표출된 갈등이 주류를 이루고 있다. 개인과 집단의 이기주의, 님비현상은 공익과 안보라는 가치보다 우선시되어 민군 갈등을 부채질하였다.

민군 갈등으로 크게 대두되는 것은 군 공항기지 이전이다. 군 공항기지 이전 대상은 수원, 대구, 광주 지역이다. 군 공항기지가 지역 발전에 장애이니 다른 지역으로 이전해 달라는 것이다. 내 지역은 안 되고 다른 지역은 국가안보를 위해 필요하다는 주장이다. 이외에도 주한미군 기지 이전 사업이 있으며, 수도권 및 전국에 산재한 주한미군 기지를 평택 지역으로 이전하는 사업이다.

1990년 6월에 체결된 기본합의서를 통해 1996년까지 완료하기로 합

의하였으나 과다한 비용 부담으로 2017년에서야 미8군 사령부 청사 개청식을 거행하는 등 장기간에 걸쳐 추진되었다. 주한미군 기지 평택 이전 사업은 민군 갈등이 이익 갈등을 넘어 이념 갈등으로 확대될 수 있고, 지역주민과의 대립뿐만 아니라 국가적 정치 갈등으로 비화할 수 있음을 보여주었다. 단순 지역적 민군 갈등이 지역주민의 지지를 확보하더라도 국민 전체의 공감대를 형성하지 못하면 원활한 사업 추진에 장애가 될 수 있음을 확인하였다.

역사적으로 군대를 소홀히 했던 국가들은 주변국의 침입으로 큰 고통과 어려움을 겪었거나 멸망하였다. 최근 사례로 2021년 아프가니스탄은 탈레반에 의해 손쉽게 점령당했는데 아프가니스탄에 대한 20여 년간의 미국의 원조는 물거품이 되었다. 이렇듯 당장 눈앞의 이익에만 급급하여 우리의 안보와 미래를 놓치는 우를 범하지 말아야 한다. 민군 갈등은 미래 세대를 위해서 상호 윈윈하는 방향으로 머리를 맞대고 해소해야 한다.

| 9 |
그 외 한반도에서
발생 가능한 위협들

　한반도에서 발생할 수 있는 위협(전쟁)들은 북한 불안정에 따라 내부 쿠데타, 북핵 위기 고조, 대량 난민 발생위협 등을 들 수 있다. 이러한 위협들은 언제든지 현실화될 수 있다. 최근에 자주 발생하고 있는 이상 기후들이 1~2년 지속되면 세계 식량난은 가중되어 국가 간에 식량 쟁탈전으로 비화할 수 있다. 다음에서 언급하고 있는 한반도에서 발생할 수 있는 위협들에 대해서도 선제적으로 연구하여 대책을 마련해야 한다. 북한이 핵폭탄으로 위협하고 공격한다면 어떻게 대응할 것인가.

구분	위협(전쟁)	구분	위협(전쟁)
1	북한과 전면전	10	대규모 테러
2	북한 내부 쿠데타	11	국가 재정 위기
3	북핵 위기 고조	12	에너지 가격 폭등
4	북한 대량 난민 발생	13	감염병 발생
5	주변국과 영토 분쟁	14	자연재해(지진·태풍 등)
6	사이버 공격, 정보 인프라 파괴	15	남한 내 갈등 격화로 사회 혼란 가중
7	식량 파동(폭염·냉해 등)	16	로봇과 공존
8	인구감소로 군사·정치·경제 탈내장화	17	사회적 불평등 심화
9	지도자 리더쉽 타격, 분열	18	일자리 감소

<출처 : 안보문제연구소의 포괄적 한반도 위협평가, 2019>

손자를 넘어 상위 1% 사상으로 올라서기

1. 당신은 대한민국 갈등 요인 중 제일 심각한 갈등은 무엇이라고 생각하는가? 그리고 언급되지 않은 갈등에는 무엇이 있겠는가?
2. 당신이 대통령이라면 대한민국 갈등 요인들은 무엇이라고 생각하는가? 그리고 그 대책을 어떻게 세워 대비할 것인가?
3. (스스로에게) 관련 내용에 대해 다른 질문을 하고 대답해보세요.

제6장

손자병법에서 제시한 국가 번영 조건

| 1 |
왜 손자병법인가?

　손자병법은 중국 춘추시대에 지은 병법서로 군사 운용의 기본적인 원칙으로부터 실전 응용이 가능한 변화무쌍한 전술에 이르기까지 풍부한 내용들을 다루고 있다. 역사를 통해 손자병법에 능통한 정치 지도자나 장수들은 상대를 제압하고 승리하여 국가를 위기에서 구하였고, 백성의 안위를 지켜냈다. 이에 능통했던 기업인이나 학자 중에 세계적으로 유명한 사례도 많다. 과거에서부터 현재까지 손자병법이 사랑받는 이유는 전쟁뿐만 아니라 기업경영과 경제, 개인 처세 등 모든 분야에 창의적인 적용이 가능하고 해법을 주기 때문이다. 무엇보다 요행이나 감정을 배제하고 철저한 계산과 냉정한 이성으로 개인의 인생, 기업, 정치 분야 등에서 승부를 살피는 것을 강조한다.

　손자병법은 어떤 분야에서든 방향을 제시해주고 미래를 대비할 수 있는 혜안을 준다. 그래서인지 손자병법은 2,500여 년 동안 성경이나 불경 등에 뒤처지지 않고 많은 이들로부터 애독되고 있다. 손자병법을 즐겨 보거나 그 의미를 파악했던 사람들은 자신의 분야뿐만 아니라 가정에서도 안정과 평안을 지켜내고 있다. 개인적으로 수만 권의 책을 읽었지만, 손자병법만큼 명쾌한 해답과 지혜를 안겨준 책을 보지 못했다. 일을 추진하다 장애나 고민이 생겼을 때 조용히 손자병법을 읽으면서 해답을 찾았고, 모두 성공적으로 해결하였다. 손자병법은 나의 책사이자 스승이다.

"불멸의 대한민국"이란 책을 쓰게 된 동기도 손자병법 덕분이다. 이 책을 통해 대한민국은 멸망하지 않고 영원히 번영하며 살 수 있는 비결을 제시하고자 하였다. 이 책의 독자들은 책에서 제시된 내용들을 토대로 더욱더 발전되고 세련된 대안을 제시할 것이라 믿는다. 불멸의 대한민국 요건들을 손자병법에 기초하여 제시하는 이유를 몇 가지로 정리하였다.

첫째, 손자병법의 핵심사상은 싸우지 않고 승리하는 부전승(不戰勝) 사상이다. 당신은 상대와 싸우지도 않고 승리할 수 있겠는가. 부전승하기 위해서는 많은 준비와 노력을 해야 한다. 자신과 상대를 철저히 분석하고 대응책을 마련해야 한다. 군사적인 분야뿐만 아니라 정치, 경제, 사회, 문화, 가정 등 모두에 적용된다. 백전백승이 중요한 것이 아니라 백전백승하였어도 힘을 대부분 소실하였다면 제3세력에 의해 쉽게 무너진다. 손자병법에서 싸우지 않고 승리하는 방법에서부터 싸워서 승리하는 방법 등 다양한 해법들을 제시해주고 있다.

둘째, 지도자(장수)의 자질이 얼마나 중요함을 강조한다. 지도자(장수)가 갖추어야 할 요건들을 제시하였고, 금지해야 할 조건들도 제시하였다. 과거에 멸망했던 국가들은 지도자(장수)의 무능력으로 국가를 통제할 시스템을 상실하였고, 그에 따라 부정부패가 만연해졌으며 민심은 이반되었다. 손자병법을 즐겨 읽은 지도자(장수) 중 초한지의 한나라 명장 한신, 삼국지 위나라 조조, 중국을 공산화로 통일시킨 모택동 등 성공했던 이들을 보더라도 지도자(장수)가 얼마나 중요한지 느낄 수 있는 대목이다.

셋째, 통합적인 사고, 도전적인 사고가 배양된다. 싸움을 시작하기 전에 상대와 비교 평가하여 그 평가에 따라 대처하는 방법을 제시해주고 있다. 사전 평가를 통해 싸우기 전에 미리 승패를 알 수 있다고 했다. 또한 싸움이 시작하면 전략전술, 무기, 보급, 지형, 기상, 훈련, 사기, 화합 등을 활용하여 승리를 만들어가는 방법을 제시하였다. 세계 최고의 기업인 중에 빌 게이츠(MS), 손정의(소프트뱅크), 로저 스미스(GM) 등은 손자병법을 탐독하며 폭넓게 활용하였다. 경제전쟁은 피 흘리지 않는 전쟁이라고 했다. 휴대전화 전쟁, 자동차 전쟁, 패스트푸드 전쟁 등과 같은 기업 경쟁은 물론이고, 미·중 무역전쟁, 환율 전쟁, 백신·치료제 신약 전쟁 등 국가 간 치열한 경쟁 속에서 손자병법은 통합적 사고, 도전적 사고를 통해 차분히 승리하는 방법을 제시해주고 있다.

넷째, 군사용 교재, 기업경영, 인생 가이드, 상업, 의학, 바둑, 스포츠 등 다양한 분야에 대해 손자병법은 많은 영감과 지혜를 제공한다. 중국 한나라 때부터 손자병법은 집마다 가지고 있을 정도였다고 한다.

중국 격언에 '손자병법을 천 번 읽으면 신과 통하는 경지에 이른다'는 말이 있다. 중국을 통일한 모택동은 손자병법을 항상 끼고 살았고, 그 승리의 비결을 묻자 '적을 알고 나를 알면 위태롭지 않다'라고 손자병법의 한 구절을 언급하였다. 리델하트의 전략론, 사마천의 사기, 경영, 교육, 바둑, 의약서 등 각 분야에서 손자병법 논리를 상당 부분 적용하고 있다.

손자를 넘어 상위 1% 사상으로 올라서기

1. 당신은 손자병법에 대해 어떻게 생각하는가? 몇 번 정독하였는가?
2. 손자병법에서 가장 가슴에 와닿은 문구는 무엇이고, 그 이유는 무엇인가?
3. 손자병법을 열 번, 백 번, 천 번, 만 번을 읽을 수 있겠는가? 그리고 그때마다 손자병법에 대해 평가해보라. 당신에게 어떤 변화가 일어나는지를 느껴보라.
4. (스스로에게) 관련 내용에 대해 다른 질문을 하고 대답해보세요.

| 2 |
국가 번영 조건

가. 부전승(不戰勝)

상대와 싸우지 않고 상대를 이긴다는 것은 쉽지 않다. 이를 위해 평소에 상대를 꿰뚫고 만반의 대비를 갖춰야 한다. 물론 상대와 우연한 교전에서도 상대를 제압할 힘도 필요하다. 이는 정치·경제·사회·문화·군사·외교·과학·철학·종교 분야 등 모든 분야가 해당된다. 관련 내용에 대해 손자병법에서 언급된 내용은 다음과 같다.

- 백 번 싸워 백 번 이기는 것이 가장 좋은 것이 아니고, 싸우지 않고 적을 굴복시키는 것이 가장 좋은 것이다[百戰百勝(백전백승) 非善之善者也(비선지선자야). 不戰而屈人之兵(부전이굴인지병) 善之善者也(선지선자야)].
- 적을 알고 나를 알면, 승리함에 위태하지 않고, 하늘을 알고 땅을 알면, 승리함에 가히 온전해질 수 있다[知彼知己(지피지기) 勝乃不殆(승내불태). 知天知地(지천지지) 勝乃可全(승내가전)].
- 소위 싸움을 잘하는 자는 이기기 쉬운 자에게 이긴 것이다[所謂善戰者(소위선전자) 勝於易勝者也(승어이승자야)].

나. 국가 시스템의 정상 작동

국가 시스템은 손자병법에서 언급된 5사, 도, 천, 지, 장, 법과 같이 작동되어야 한다. 이러한 바탕에서 상대와 7계로써 비교하여 승부를 예측할 수 있다. 국가는 5사가 바로 서야 승리의 조건이 갖추어지는 것이고, 상대국과는 7계로 비교해보면 싸우지 않고도 승부를 가름할 수 있다. 국가의 시스템이 약화하면 사회 질서는 무너지고 모 집단은 자신의 목적 달성을 위해 힘을 앞세워 권력을 장악하려 할 것이다. 최악의 상황은 내전으로 치닫게 되고, 내전은 주변국들까지 가세하는 경향이 있어 민족 간에 서로 죽여도 그 끝을 알 수 없다. 따라서 국가 시스템은 어떤 상황에서도 정상 작동되어야 하고, 흔들림이 없어야 한다. 관련 내용에 대해 손자병법에서 언급된 내용은 다음과 같다.

- 상대와 싸움은 나라의 중대한 일이요, 국민의 생사와 존망이 걸린 것이니, 깊이 살피지 않을 수 없다. 그러므로 이를 헤아림에는 다섯 가지 요건으로 한다[兵者國之大事(병자국지대사) 死生之地(사생지지) 存亡之道(존망지도) 不可不察也(불가불찰야). 故(고) 經之以五事(경지이오사)].
- 첫째는 도요, 도(道)란 백성으로 하여금 임금과 뜻을 같이 하여, 가히 함께 죽기도 하고 살기도 하여, 백성이 위험을 두려워하지 않게 하는 것이다[一曰道(일왈도). 道者(도자), 令民與上同意(영민여상동의), 可與之死(가여지사) 可與之生(가여지생) 而民不畏危也(이민불외위야)].

- 둘째는 하늘이요, 하늘(天)이란 음양, 한서, 시제(계절)이다[二曰天(이왈천). 天者(천자), 陰陽寒暑時制也(음양한서시제야)].

- 셋째는 땅이요, 땅(地)이란 원근(멀고 가까움), 험이(험난하고 평탄), 광협(넓고 좁음), 사생(사지와 생지)이다[三曰地(삼왈지). 地者(지자), 遠近險易廣狹死生也(원근험이광협사생야)].

- 넷째는 장수요, 장수(將)란 지신(지혜, 믿음), 인용(어질고 용기), 엄(위엄)을 갖춰야 한다[四曰將(사왈장). 將者(장자), 智信仁勇嚴也(지신인용엄야)].

- 다섯째는 법이다. 법(法)이란 곡제(군의 편성), 관도(군대의 직제와 규정), 주용(물자와 병기)이다[五曰法(오왈법). 法者(법자), 曲制官道主用也(곡제관도주용야)].

- 이 다섯 가지는 지도자(장수)로서 들어 알지 못하는 자가 없을 것이다. 이를 아는 자는 승리하고, 모르는 자는 승리하지 못한다[此五者(차오자), 將莫不聞(장막불문). 知之者勝(지지자승) 不知者不勝(부지자불승)].

- 상대와 7계(計)로써 비교하여, 그 정세을 살핀다[交之以計(교지이계), 而索其情(이색기정)].

- 군주는 어느 쪽이 더 도덕적인가. 장수는 누가 더 능력이 있는가. 천지는 누가 더 얻고 있는가. 법령은 누가 더 잘 운용되고 있는가. 군대는 누가 더 강한가. 장병은 누가 더 훈련되어 있는가. 상벌은 누가 더 공평한가. 나는 이 일곱 가지로써 승부를 안다[主孰有道(주숙유도) 將孰有能(장숙유능) 天地孰得(천지숙득) 法令孰行(법령숙행) 兵衆孰强(병중숙강) 士卒孰練(사졸숙련) 賞罰孰明(상벌숙명) 吾以此知勝負矣

(오이차지승부의)].

- 무릇 싸우지 않고도 조정 회의에서 평가(廟算)하여 이긴다는 것은, 판단된 승산(算)이 많은 것이요, 싸우지 않고도 조정 회의 평가에서 이기지 못하는 것은 판단된 승산이 적은 것이다[夫未戰而廟算勝者(부미전이묘산승자) 得算多也(득산다야) 未戰而廟算不勝者(미전이묘산불승자) 得算少也(득산소야)].

다. 지도자(장수) 자질의 중요성

국가의 막강한 권력을 좌지우지하는 지도자(장수) 자질의 중요성을 언급한 부분이다. 지도자(장수)는 국가의 보배가 되기도 하고 재앙이 되기도 한다. 우리는 모두 가정, 학교, 직장, 기업 등에서 지도자이다. 여기에서 언급되는 지도자의 중요성, 자질 등은 개인에게 해당한다. 손자병법에서는 지도자(장수)의 중요성을 자주 언급하고 있다. 관련 내용에 대해 손자병법에서 언급된 내용은 다음과 같다.

- 전쟁을 잘하는 지도자(장수)는 도를 닦고 법을 보존하니 능히 승패의 주체가 될 수 있다[善用兵者(선용병자) 修道而保法(수도이보법) 能爲勝敗之政(능위승패지정)].
- 전쟁을 잘하는 자는, 적의 군대를 굴복시키되, 싸우지 않고, 성을 빼앗되, 공성 없이 하고, 적국을 무찌르되, 오래 끌지 않는다. 반드시 온전함으로써 천하를 다툰다[善用兵者(선용병자) 屈人之兵(굴인지병) 而非戰也(이비전야) 拔人之城(발인지성) 而非攻也(이비공야). 毀人之國(훼인지국) 而非久也(이비구야) 必以全爭於天下(필이전쟁어천하)].
- 도·천·지·장·법(道·天·地·將·法)의 다섯 가지는 듣지 않았을 리 없으니 이를 잘 아는 자는 승리하고 잘 알지 못하는 자는 승리하지 못한다[此五者(범차오자), 將莫不聞(장막불문), 知之者勝(지지자승), 不知者不勝(부지자불승)].
- 현명한 군주와 어진 장수는, 능히 최고의 지혜로운 자를 간첩으로 삼아, 반드시 큰 공을 이룬다[明君賢將(명군현장), 能以上智爲間者

(능이상지위간자), 必成大功(필성대공)].

- 나라를 온전하게 함이 가장 좋은 것이고, 나라를 파괴하는 것이 그다음으로 여긴다. 군을 온전하게 함이 가장 좋은 것이고, 군을 파괴하는 것이 그다음으로 여긴다. 려를 온전하게 함이 가장 좋은 것이고, 려를 파괴하는 것이 그다음으로 여긴다. 졸을 온전하게 함이 가장 좋은 것이고, 졸을 파괴하는 것이 그다음으로 여긴다. 오를 온전하게 함이 가장 좋은 것이고, 오를 파괴하는 것이 그다음으로 여긴다[全國爲上(전국위상) 破國次之(파국차지). 全軍爲上(전군위상) 破軍次之(파군차지). 全旅爲上(전려위상) 破旅次之(파려차지). 全卒爲上(전졸위상), 破卒次之(파졸차지). 全伍爲上(전오위상) 破伍次之(파오차지)].

- 싸움을 잘하는 자는, 적을 이끌되 적에게 이끌리지 않는다[善戰者(선전자) 致人而不致於人(치인이불치어인)].

- 공격하면 반드시 취함은, 지키지 않는 곳을 공격하기 때문이다. 지키면 반드시 견고한 것은, 공격하지 못하는 곳을 지키기 때문이다[攻而必取者(공이필취자) 攻其所不守也(공기소불수야). 守而必固者(수이필고자) 守其所不攻也(수기소불공야)].

- 땅에 선만 긋고 지켜도, 적이 싸움을 걸지 못함은, 기도하는 바를 어그러뜨리기 때문이다[劃地而守之(수획지이수지) 敵不得與我戰者(적부득여아전자) 乖其所之也(괴기소지야)].

- 나는 하나로 뭉치고, 적은 열로 나누어진다[我專爲一(아전위일) 敵分爲十(적분위십)].

- 싸워 승리하는 방법은 다시 사용하지 않고, 적과 나의 형태에 따라 끝없이 응용해 나가는 것이다[戰勝不復(기전승불복) 而應形於無窮

(이응형어무궁)].

- 용병을 아는 자는, 움직여도 혼란하지 않고, 군사를 움직여도 막힘이 없다[知兵者(지병자) 動而不迷(동이불미) 舉而不窮(거이불궁)].
- 임금은 분노로써 군대를 일으켜서는 안 되고, 장수는 성냄으로써 싸움에 끌려가서는 안 된다[主不可以怒而興師(주불가이노이흥사) 將不可以慍而致戰(장불가이온이치전)].
- 군대에 군주가 근심을 끼치는 일이 세 가지가 있다[軍之所以患於君者三(고군지소이환어군자삼)].

① 군이 나아가서는 안 됨을 알지 못하고, 나아가게 하고, 군이 물러나서는 안 됨을 알지 못하고, 물러나게 하면, 이를 일러 군을 속박한다고 한다[不知軍之不可以進(부지군지불가이진) 而謂之進(이위지진) 不知軍之不可以退(부지군지불가이퇴) 而謂之退(이위지퇴) 是謂縻軍(시위미군)].

② 삼군의 일을 모르고, 삼군의 행정에 개입하면, 군사들은 미혹스럽게 될 것이다[不知三軍之事(부지삼군지사) 而同三軍之政(이동삼군지정) 則軍士惑矣(즉군사혹의)].

③ 삼군의 임기응변(權)을 모르고 삼군의 작전을 간섭하면, 군사는 의심하게 된다[不知三軍之權(부지삼군지권) 而同三軍之任(이동삼군지임) 則軍士疑矣(즉군사의의)]. 삼군이 이미 미혹되고 또한 의심하게 되면, 인접 제후의 난이 이르게 된다. 이러하면 군을 어지럽게 하여 승리를 잃게 되는 것이다[三軍旣惑且疑(삼군기혹차의) 則諸侯之難至矣(즉제후지난지의) 是謂亂軍引勝(시위란군인승)].

- 장수에게 다섯 가지 위태로운 것이 있으니, 반드시 죽고자 하면 죽을 수 있고, 반드시 살고자 하면 포로가 될 수 있고, 급하게 성을 내면 업신여김을 당할 수 있고, 지나치게 깨끗하고자 하면 수치심을 당할 수 있고, 백성을 지나치게 사랑함은 번거로울 수 있다[將有五危(장유오위), 必死可殺也(필사가살야) 必生可虜也(필생가로야). 忿速可侮也(분속가모야), 廉潔可辱也(염결가욕야), 愛民可煩也(애민가번야)]. 이 다섯 가지는 장수의 허물이요, 용병의 재앙이다[五者(오자), 將之過也(장지과야) 用兵之災也(용병지재야)].
- 적에게 이길수록 더욱 강해진다[勝敵而益强(승적이익강)].
- 대체로 깊은 생각 없이 적을 가볍게 여기는 자는, 반드시 적에게 사로잡힌다[唯無慮而易敵者(부유무려이이적자), 必擒於人(필금어인)].

라. 조직이 번성하는 방법

　국가(군대, 조직)가 번성하는 방법들을 제시해주고 있다. 일을 도모하기 전에 제일 먼저 선행해야 할 것은 상대와 자신의 상황을 냉정하게 분석하는 것이다. 상대를 공략할 경우 국가와 국민에게 어떠한 이익을 안겨줄 수 있는지 등 분명한 목적이 수반되어야 한다. 상대와 싸움에서 최종상태에 이르렀을 때 국가(군대, 조직)는 힘을 모두 소진하여 다른 국가에 복속되지 않도록 잘 살펴야 한다. 관련 내용에 대해 손자병법에서 언급된 내용은 다음과 같다.

　• 적을 알고 나를 알면 백 번 싸워도 위태롭지 않다. 적을 모르고 나를 알면 한 번은 이기고 한 번은 진다. 적을 모르고 나도 모르면 매 싸움마다 반드시 패한다[知彼知己(지피지기) 百戰不殆(백전불태), 不知彼而知己(불지피이지기) 一勝一負(일승일부), 不知彼不知己(불지피불지기) 每戰必敗(매전필패)].
　• 승리를 아는 것에는 다섯 가지 조건이 있다. 더불어 싸워야 할지 더불어 싸우지 말아야 할지를 아는 자는 이긴다. 병력의 많고 적음에 맞게 작전을 사용하는 자는 이긴다. 상하가 하고자 하는 바가 같으면 이긴다. 헤아려 준비된 자는 그렇지 못한 자를 기다리면 이긴다. 장수가 유능하고 군주가 간섭하지 않는 자는 이긴다. 이 다섯 가지는 승리를 아는 길이다[知勝有五(고지승유오). 知可以與戰不可以與戰者勝(지가이여전불가이여전자승). 識衆寡之用者勝(식중과지용자승). 上下同欲者勝(상하동욕자승). 以虞待不虞者勝(이우대불우자승). 將能而君不

御者勝(장능이군불어자승). 此五者知勝之道也(차오자지승지도야)].

- 상대를 이기는 가장 좋은 방법은 상대의 꾀를 치는 것이고, 그다음은 상대의 외교관계를 치는 것이고, 그다음은 적의 병력을 치는 것이고, 가장 하책은 상대의 성을 공격하는 것이다. 성을 공격하는 것은, 부득이하여 하는 것이다[上兵伐謀(고상병벌모) 其次伐交(기차벌교) 其次伐兵(기차벌병) 其下攻城(기하공성). 攻城之法(공성지법) 爲不得已(위부득이)].

- 이익에 맞으면 움직이고, 이익에 맞지 않으면 정지하는 것이다[合於利而動(합어리이동) 不合於利而止(불합어리이지)].

- 적보다 10배이면 포위하고, 5배이면 공격하며, 2배이면 나누어 운용한다. 적이 대등하면 맞서 잘 싸우고, 적보다 적으면 잘 지키고, 상대가 안 되면 잘 피해야 한다. 그러므로 적은 부대가 견고하게 버티다가는 많은 적에게 사로잡힐 것이다[十則圍之(십즉위지) 五則攻之(오즉공지) 倍則分之(배즉분지). 敵則能戰之(적즉능전지) 少則能守之(소즉능수지) 不若則能避之(불약즉능피지). 故(고) 小敵之堅(소적지견) 大敵之擒也(대적지금야)].

- 적의 실한 곳은 피하고 허한 곳을 친다[避實而擊虛(피실이격허)].

- 군대는 일정한 형세가 없고, 물에도 일정한 형태가 없다. 능히 적의 변화에 맞게 승리를 얻어가는 자를 일컬어 신의 경지라 한다[兵無常勢(병무상세) 水無常形(수무상형). 能因敵變化而取勝者(능인적변화이취승자) 謂之神(위지신)].

- 이길 수 없는 적이면 잘 지키고, 이길 수 있는 적이면 공격한다

[不可勝者守也(불가승자수야) 可勝者攻也(가승자공야)].

• 나의 군사로 공격해도 된다는 것은 알고, 적을 공격해서는 안 된다는 것을 모르면, 승리는 반이다. 적을 공격해도 가능하다는 것은 알고, 나의 군사로는 공격해서는 안 된다는 것을 모르면, 승리는 반이다. 적을 공격해야 함을 알고, 나의 군사로도 공격이 가능함을 알아도, 싸울 수 없는 지형임을 알지 못하면, 승리는 반이다[知吾卒之可以擊(지오졸지가이격) 而不知敵之不可擊(이부지적지불가격) 勝之半也(승지반야). 知敵之可擊(지적지가격) 而不知吾卒之不可以擊(이부지오졸지불가이격) 勝之半也(승지반야). 知敵之可擊(지적지가격) 知吾卒之可以擊(지오졸지가이격) 而不知地形之不可以戰(이부지지형지불가이전) 勝之半也(승지반야)].

• 용병을 잘하는 자는, 병사들 손을 끌어서 마치 한 사람을 부리듯 하는 것은 부득이하게 만들기 때문이다[善用兵者(선용병자) 攜手若使一人(휴수약사일인) 不得已也(부득이야)].

• 이롭지 않으면 움직이지 말고, 얻을 것이 없으면 용병하지 말고, 위태롭지 않으면 전쟁하지 않는다[非利不動(비리부동) 非得不用(비득불용) 非危不戰(비위부전)].

• 군대에는, 주병, 이병, 함병, 붕병, 난병, 배병이 있다. 무릇 이 여섯 가지는, 천지의 재앙이 아니라, 장수의 잘못이다. 무릇 세력이 비슷한데, 1로써 10을 공격하면 주병이다. 병사는 강하고 간부가 약하면 이병이다. 간부는 강하고 병사가 약하면 함병이다. 고위 간부가 성을 내고 부하들이 복종하지 않고, 적을 만나면 원망하며 제멋대로 싸우고, 장수가 그의 능력(상태)을 알지 못하면 붕병이다. 장수가 약하여 엄하

지 못하고, 이치를 가르침이 분명치 못하며, 간부와 병사 간에 일정한 법도가 없고, 전투대형이 종횡으로 어지러우면 난병이다. 장수가 적을 잘 헤아리지 못하고, 적은 병력으로 많은 적과 맞서게 하고, 약한 병력으로 강한 적을 공격하여, 부대에 선봉 부대가 없으면 배병이다. 무릇 이 여섯 가지는, 패배하는 길이며, 장수의 중요한 임무이니, 살피지 않을 수 없다[兵(병) 有走者(유주자) 有弛者(유이자) 有陷者(유함자) 有崩者(유붕자) 有亂者(유란자) 有北者(유배자). 凡此六者(범차육자) 非天地之災(비천지지재) 將之過也(장지과야). 夫勢均(부세균) 以一擊十(이일격십) 曰走(왈주). 卒强吏弱(졸강리약) 曰弛(왈이). 吏强卒弱(리강졸약) 曰陷(왈함). 大吏怒而不服(대리노이불복) 遇敵懟而自戰(우적대이자전) 將不知其能(장부지기능) 曰崩(왈붕). 將弱不嚴(장약불엄) 敎道不明(교도불명) 吏卒無常(리졸무상) 陣兵縱橫(진병종횡) 曰亂(왈란). 將不能料敵(장불능료적) 以少合衆(이소합중) 以弱擊强(이약격강) 兵無選鋒(병무선봉) 曰北(왈배). 凡此六者(범차육자) 敗之道也(패지도야) 將之至任(장지지임) 不可不察也(불가불찰야)].

- 가까우면서도 먼 것처럼 보이고, 멀면서도 가까운 것처럼 보이며, 이롭게 해서 적을 유인하고, 혼란하게 하여 이를 취한다. 적이 충실하면 대비하고, 적이 강하면 피하며, 분노케 하여 동요하게 하고, 나를 낮추어 적을 교만하게 만든다. 적이 편안하면 수고롭게 하고, 적이 서로 친하면 이간시키며, 대비함이 없는 것을 공격하고, 뜻하지 않는 곳으로 나아간다. 이것은 싸움에서 이길 수 있는 방법이지만 먼저 적에게 알려서는 안 된다[近而示遠(근이시원) 遠而示之近(원이시지근) 利而誘之(리이유지) 亂而取之(난이취지) 實而備之(실이비지) 强而避之

(강이피지) 怒而撓之(노이요지) 卑而驕之(비이교지) 佚而勞之(일이노지) 親而離之(친이리지) 攻其無備(공기무비) 出其不意(출기불의). 此兵家之勝(차병가지승) 不可先傳也(불가선전야)].

- 무릇 싸움을 오래 하여 나라에 이로움이 있는 경우는 아직 없었다[夫兵久而國利者(부병구이국리자) 未之有也(미지유야)].

마. 완전무결의 준비 태세 유지

국가와 국민의 안전을 지키는 가장 손쉬운 방법은 완전한 준비 태세를 갖추는 것이다. 준비 태세 유지를 어느 수준까지 해야 하는지는 지도자, 국민의 몫이다. 현재의 위험도 중요하지만, 미래의 위험까지 병행하여 철두철미하게 준비하고 대비해야 한다. 관련 내용에 대해 손자병법에서 언급된 내용은 다음과 같다.

- 먼저 적이 이기지 못하도록 태세를 갖추고, 적을 이길 수 있는 기회를 기다린다[先爲不可勝(선위불가승) 以待敵之可勝(이대적지가승)].
- 상대가 나를 이길 수 없도록 하는 것은 나에게 달려 있고, 내가 적을 이길 수 있음은 적에게 달려 있다[不可勝在己(불가승재기) 可勝在敵(가승재적)].
- 싸움을 잘하는 자는 능히 이기지 못하게 할 수는 있으나, 적으로 하여금 아군이 반드시 이기게 할 수는 없다[善戰者(고선전자) 能爲不可勝(능위불가승) 不能使敵之必可勝(불능사적지필가승)].
- 용병의 법에 적이 오지 않으리라는 것을 믿지 말고 나에게 대비가 되어 있음을 믿어야 하며, 상대가 공격하지 않으리라는 바람을 믿지 말고 나에게 공격하지 못하게 할 만한 대비가 되어 있음을 믿어야 한다[用兵之法(용병지법) 無恃其不來(무시기불래) 恃吾有以待也(시오유이대야). 無恃其不攻(무시기불공) 恃吾有所不可攻也(시오유소불가공야)].

- 승리하는 군대는 먼저 이겨놓고 싸움을 하며, 패배하는 군대는 먼저 싸우고 나서 승리를 구한다[勝兵(승병) 先勝而後求戰(선승이후구전) 敗兵(패병) 先戰而後求勝(선전이후구승)].
- 이기는 자의 싸움은, 마치 천 길 계곡 위에 막아둔 물을 터뜨리는 것과 같은 것이니 형세(군대의 태세)이다[勝者之戰(승자지전) 若決積水於千仞之谿者形也(약결적수어천인지계자형야)].
- 서로 수년 동안 지키며, 하루의 승리를 다툰다[相守數年(상수수년) 以爭一日之勝(이쟁일일지승)].

바. 최고의 전문성과 도전정신

개인의 분야에서 최고의 전문성을 갖게 되면 추진력, 창의성, 도전정신 등이 발휘된다. 법과 규정이 미비하면 합리적인 노력을 통해 법을 개정하게 된다. 그리하여 세계 최고 수준의 산출물들을 생산하게 된다. 이는 국가(군대, 조직)에 복덩이와 같은 존재이다. 관련 내용에 대해 손자병법에서 언급된 내용은 다음과 같다.

- 전쟁의 법칙에 반드시 승리가 가능할 때 임금이 싸우지 말라고 해도 싸우는 것이 가능하고, 싸움의 법칙에 비추어 이기지 못하면 지도자가 싸우라고 하여도 싸우지 않는 것이 가능하다[戰道必勝(전도필승) 主曰無戰(주왈무전) 必戰可也(필전가야). 戰道不勝(전도불승) 主曰必戰(주왈필전) 無戰可也(무전가야)].
- 진격함에 명예를 구하지 않고, 물러섬에 죄를 피하지 않으며, 오직 백성을 보호하고, 임금을 이롭게 하는 자는, 나라의 보배이다[進不求名(고진불구명) 退不避罪(퇴불피죄) 惟民是保(유민시보) 而利於主(이리어주) 國之寶也(국지보야)].
- 병사들은 심한 위험에 빠지면 오히려 두려워하지 않고, 갈 곳이 없으면 마음을 굳게 먹고, 적지에 깊이 들어가면 뭉치고, 어쩔 수 없으면 싸우게 된다[兵士甚陷則不懼(병사심함즉불구) 無所往則固(무소왕즉고) 深入則拘(심입즉구) 不得已則鬪(부득이즉투)].
- 용병을 잘하는 자는 비유하자면 (용병을) 솔연과 같이 한다. 솔연은 상산의 뱀이다. 그 머리를 치면 꼬리가 덤비고, 꼬리를 치면 머리가

덤비고, 그 중간을 치면 머리와 꼬리가 함께 덤빈다[善用兵者(선용병자) 譬如率然(비여솔연). 率然者(솔연자) 常山之蛇也(상산지사야). 擊其首則尾至(격기수즉미지) 擊其尾則首至(격기미즉수지) 擊其中則首尾俱至(격기중즉수미구지)].

• 망지에 던진 후에야 살아남을 수 있고, 사지에 빠뜨린 후에야 살아날 수 있다[投之亡地然後存(투지망지연후존) 陷之死地然後生(함지사지연후생)].

• 적군이 문을 열면, 반드시 재빠르게 들어가서, 먼저 적의 가장 중요한 지역을 공격하고, 그리고 일단 적과 싸움을 기하지 말고 숨어 있다가, 원칙을 고수하는 것을 버리고 적측의 행동에 따라, 싸움을 결정한다. 이런 까닭에, 처음에는 얌전한 처녀처럼 지내다가, 적이 문을 열면, 달아나는 토끼처럼 행동하면, 적이 미처 막을 수가 없다[敵人開闔(적인개합) 必亟入之(필극입지) 先其所愛(선기소애) 微與之期(미여지기) 踐墨隨敵(천묵수적) 以決戰事(이결전사). 是故(시고) 始如處女(시여처녀) 敵人開戶(적인개호) 後如脫兎(후여탈토) 敵不及拒(적불급거)].

• 현명한 임금과 어진 장수가, 움직이기만 하면 적을 이기고, 성공이 남보다 뛰어난 것은 먼저 알기 때문이다[明君賢將(명군현장) 所以動而勝人(소이동이승인) 成功出於衆者(성공출어중자) 先知也(선지야)].

사. 인재의 발탁과 교육의 필요성

국가의 어느 직위이든 공정하게 능력 있는 사람에게 개방되어야 한다. 출신, 학력 등 연줄에 의하지 않고 능력 있는 사람이라면 승진하여 더 많은 역할을 하도록 사회적 분위기가 조성되어야 한다. 국가 경쟁력을 가름하는 지름길이다. 인재들이 국가 주요 직위에서 활동하고, 그들이 후배들을 가르치고 이끈다면 국가의 미래는 탄탄대로이다. 관련 내용에 대해 손자병법에서 언급된 내용은 다음과 같다.

- 전쟁의 속성을 아는 장수는, 백성의 생명을 맡을 만한 인물이요, 국가 안위에 관한 일을 맡을 수 있는 주인이다[知兵之將(고지병지장) 民之司命(민지사명) 國家安危之主也(국가안위지주야)].
- 장수는 국가의 중요한 보좌이니 보좌가 치밀하면 국가는 반드시 강해지고 보좌가 엉성하면 국가는 반드시 약해진다[將者(장자) 國之輔也(국지보야) 輔周則國必强(보주즉국필강) 輔隙則國必弱(보극즉국필약)].
- 오직 백성을 보호하고 임금을 이롭게 하는 자는 국가의 보배이다[惟民是保(유민시보) 而利於主(이리어주) 國之寶也(국지보야)].
- 기를 잘 쓰는 자는, 천지와 같이 막힘이 없고, 강이나 바다와 같이 마르지 않는 것이다[善出奇者(고선출기자) 無窮如天地(무궁여천지) 不竭如江海(불갈여강해)].
- 싸움을 잘하는 자는 승리를 세에서 구하고, 사람에게서 구하지 않는다. 그러므로 능히 사람을 잘 택하여 세를 만들게 한다[善戰者(고

선전자) 求之於勢(구지어세) 不責之於人(불책지어인). 故能擇人而任勢(고능택인이임세)].

• 적의 변화에 맞게 승리를 얻어가는 자를, 일컬어 신의 경지라 한다[因敵變化而取勝者(능인적변화이취승자) 謂之神(위지신)].

• 사람들이 하나로 뭉쳐지면, 용감한 자도 혼자 나아가지 않고, 비겁한 자도 혼자 물러서지 않는다[人旣專一(인기전일) 則勇者不得獨進(즉용자부득독진) 怯者不得獨退(겁자부득독퇴)].

• 장수가 다양한 변화 상황의 이로움에 통달하는 자는, 용병을 아는 것이다[將通於九變之利者(장통어구변지리자) 知用兵矣(지용병의)].

• 지혜로운 자의 생각은, 반드시 이와 해를 함께 고려한다. 이로움을 충분히 고려하면 직무를 잘 펼 수 있고, 해로움을 충분히 고려하면 근심을 풀 수 있다[智者之慮(지자지려) 必雜於利害(필잡어리해). 雜於利而務可伸也(잡어리이무가신야) 雜於害而患可解也(잡어해이환가해야)].

• 뛰어난 지혜가 아니면 간첩을 잘 운용하지 못하고, 어질고 올바르지 않으면 간첩을 잘 부리지 못하며, 교묘하지 않으면 간첩의 정보 실태를 잘 얻을 수 없으니, 미묘하다 미묘하다. 간첩을 쓰지 않는 곳이 없다[非聖智不能用間(비성지불능용간) 非仁義不能使間(비인의불능사간) 非微妙不能得間之實(비미묘불능득간지실) 微哉微哉(미재미재) 無所不用間也(무소불용간야)].

• 5가지 유형의 간첩을 모두 활용하면서도 상대가 그 실태를 알지 못하게 하니 이를 일러 신의 경지라 하고 임금의 보배라 한다[五間俱起

(오간구기) 莫知其道(막지기도) 是謂神紀(시위신기) 人君之寶也(인군지보야)].

- 법령이 평소 잘 행해지면서, 그 백성을 가르치면, 백성이 따른다. 법령이 평소에 잘 행하지도 않으면서, 백성을 가르치면, 백성은 따르지 않는다[令素行(령소행) 以敎其民(이교기민) 則民服(즉민복). 令不素行(령불소행) 以敎其民(이교기민) 則民不服(즉민불복)].

- 병들이 아직 친하게 따르기도 전에, 벌하면, 복종하지 않는다. 복종하지 않으면 쓰기가 어렵다. 병들이 이미 친하게 따르는데, 벌하지 않으면, 역시 쓰지 못한다[卒未親附(졸미친부) 而罰之(이벌지) 則不服(즉불복). 不服則難用也(불복즉난용야) 卒已親附(졸이친부) 而罰不行(이벌불행) 則不可用也(즉불가용야)].

- 후하게 한다고 일을 시키지 못하고, 사랑한다고 명령을 내리지 못하며, 어지러워도 다스릴 수 없다면, 마치 교만한 자식 같아서, 쓸 수가 없다[厚而不能使(후이불능사) 愛而不能令(애이불능령) 亂而不能治(난이불능치) 譬如驕子(비여교자) 不可用也(불가용야)].

아. 지역에 맞는 특화 전략

저출산, 고령화 추세에 지방을 거점으로 하는 특화 도시는 국가 미래를 좌우한다. 한 지방에서 태어나 자라고 공부하고 그 지역에서 직업을 갖고 미래를 꿈꿀 수 있는 자립형 도시를 만들어야 한다. 이는 지방자치단체장이 주관하여 지역인재들과 머리를 맞대면 손쉽게 해결할 수 있다. 자세한 내용은 다음 장에서 다루기로 하겠다. 관련 내용에 대해 손자병법에서 언급된 내용은 다음과 같다.

• 산림, 험한 지형, 소택지 등의 지형을 알지 못하면 행군을 할 수 없다. 마을의 길 안내자를 활용하지 않으면, 지형의 이로움을 얻을 수가 없다[不知山林險阻沮澤之形者(부지산림험조저택지형자) 不能行軍(불능행군). 不用鄕道者(불능향도자) 不能得地利(불능득지리)].

• 무릇 지형은, 용병을 돕는 것이다. 적을 헤아려 승리 태세를 만들고, 지형의 험함과 좁음, 멀고 가까움을 헤아리는 것은, 상장군의 도리이다. 이를 알고 전투에 이용하면 반드시 승리하고, 이를 알지 못하고 전투하면, 반드시 패배한다[夫地形者(부지형자) 兵之助也(병지조야). 料敵制勝(요적제승) 計險阨遠近(계험액원근) 上將之道也(상장지도야). 知此而用戰者(지차이용전자) 必勝(필승). 不知此而用戰者(부지차이용전자) 必敗(필패)].

• 굳센 자나 유약한 자 모두의 힘을 얻는 것이 지형의 이치를 활용하는 것이다[剛柔皆得(강유개득) 地之理也(지지리야)].

• 일로써 다스리지, 말로써 다스리지 말고, 이익으로써 다스리지,

해로움으로 다스리지 않는다[犯之以事(범지이사) 勿告以言(물고이언) 犯之以利(범지이리) 勿告以害(물고이해)].

손자를 넘어 상위 1% 사상으로 올라서기

1. 당신은 앞서 제시된 국가 번영 조건에 대해 어떻게 생각하는가?
2. 국가 번영 조건에서 추가적인 조건에는 무엇이 있다고 생각하는가?
3. 당신이 지도자라면 국가 번영 조건들을 어떻게 실행할 수 있게 하겠는가?
4. (스스로에게) 관련 내용에 대해 다른 질문을 하고 대답해보세요.

제7장

미래사회의 모습

| 1 |
로봇·인공지능(AI)과 공존

　로봇, 인공지능(AI) 등이 인간 생활공간 곳곳에 자리 잡고 인간의 일자리도 큰 변화를 겪게 된다. 먼저 단순하고 반복되는 일자리부터 로봇이나 인공지능에 의해 대체된다. 현재 운영 중인 키오스크는 설치 후 급여나 급여 인상도 요구하지 않고 휴가, 병가, 건강보험료, 노동조합 가입 등도 없다. 24시간 내내 입력된 명령에 의해 제 역할만 하고 있다. 인간처럼 몸이 아프거나 친구와 말다툼으로 컨디션이 좋지 않아 고객에게 인상을 찌푸리거나 불친절하지 않다. 판사, 약사, 회계사, 운전원, 비서, 텔레마케터, 안내원 등과 같은 일자리들은 미래에 사라질 것이다.

　차량, 비행기, 배 등 이동 수단들은 무인화, 자동화된다. 자율주행차량이 보편화되어 인간의 직접 운전은 취미 삼아 운전하는 것 외에는 없을 것이다. 차량도 보유할 필요가 없다. 인간이 차량을 요청하면 필요한 장소와 시간에 자율주행차량이 대기하고 목적지까지 안전하게 데려다주고 데려온다. 집이나 건물 주위에 있는 주차 공간들도 없어진다. 차 안에서 영화를 보고 잠도 자며 보고서를 검토하는 등 편안하게 하고 싶은 일을 할 수 있다. 운전대를 잡으며 하품하고 졸음을 참아가며 휴게소에서 몸을 풀지 않아도 된다. 자율주행차량이 규정된 속도, 안전거리 등을 준수하면서 원한다면 중간 지역에 정차하지도 않고 목적지까지 계속 주행할 것이다. 하늘을 나는 자동차를 타고 목적지까지 손쉽게 이동할 수 있다. 심지어는 인간들이 동력 신발을 신고 나는 로봇과 같이 날 수도 있다.

신체 보조기구들이 다양하게 발달하여 노인들도 원하는 일은 거뜬히 해내게 된다. 이들의 도움을 받으면 100세 이상 노인도 지리산, 설악산 정상에서 도시락을 먹으며 자연을 만끽하게 된다. 하늘을 날 수 있는 동력 신발로 인간의 활동 범위는 하늘과 바다까지 자유자재로 움직이게 된다.

| 2 |
로봇과 로봇 전쟁

　인간끼리 살상 무기를 갖고 싸우는 재래식 형태의 전쟁은 후진국에서나 볼 수 있다. 로봇에 의해 경계, 탐색, 식별, 사살 등이 자동으로 수행된다. 영화에 등장했던 터미네이터와 같은 인간 로봇이 등장하고 경계 로봇, 전투용 로봇, 무인헬기, 무인전투기, 무인함정 등에 의해 전투가 이루어진다. 사자, 개, 물개 같은 로봇이 일상화되어 사회 치안을 담당하고, 유사시에는 전투에 투입된다. 벌, 개미 같은 로봇은 적 진지에 투입하여 정보를 알아내고 상대를 사살하는 역할을 한다. 평시에는 로봇들이 육·해·공 경계를 물 샐 틈 없이 담당한다. 태풍, 짙은 안개, 우천, 불볕더위 등 악천후와 관계없이 주야간 철통 방어를 한다.

　로봇은 피곤하지도 않고 졸리지도 않으며 땀이 나거나 한기를 느끼지도 않는다. 어둠 속에서도 적이 나타나면 정확히 식별하여 포획하거나 사살한다. 인간들은 로봇을 더 지능화시키고 위력적으로 만들게 된다. 로봇이 로봇에게 명령을 내리고 로봇에 의해 프로그램화되는 전투 로봇들이 등장한다. 이런 로봇들은 인간에게 위협적이다. 어떤 로봇들은 자신들의 기량을 뽐내기 위해 무차별적인 로봇 사냥에 나서는 경우도 있다. 로봇을 움직이는 소프트웨어, 인공칩 등을 선점하기 위해 로봇 간 전투가 행해지고 있다.

| 3 |
인간, 로봇, 외계인 패권전쟁

 인간의 생활을 편하게 보조하기 위해 만들어진 로봇들은 인간의 통제를 떠나 스스로 학습을 통해 인간에 맞서게 된다. 인간은 로봇을 통제할 수 있다고 자신했지만 이마저도 로봇에게 학습되어 지능적인 로봇은 인간을 통제하려 한다. 인간을 지배하기 위해 행동에 나선다. 로봇의 생존환경과 인간의 생존환경은 다르다. 지구가 핵전쟁으로 지구 전체가 방사능에 오염되었다 하더라도 로봇은 생존이 가능하다. 2020년 코로나19와 같은 치명적인 세균이 등장해도 로봇은 생존이 가능하다.

 로봇은 인간의 약점을 잘 꿰뚫어보고 있다. 로봇은 인간에게 슈퍼 세균을 퍼트려 인간을 위험에 빠뜨리려고 한다. 지구에 혹독한 기상으로 식량 위기를 초래하여 인간을 위협하려고도 한다. 바다를 모두 오염시켜 바다 생태계를 몰살시켜 인간에게 치명상을 주려고 한다. 이러한 지구의 환경에 로봇은 자유롭다. 인간은 로봇을 어떻게 제어하고 활용하느냐에 따라 로봇과의 패권전쟁에서 승패가 달려 있다. 로봇에게 인간의 감성을 기대해서는 안 된다. 로봇 통제에 실패하면 인간은 지구에서 종말을 고하거나 로봇의 노예나 노리개가 되는 것이다.

    또한 외계인은 지구 이외의 지적인 생명체를 말하는데 인간과 공존하게 된다. 외계인과의 생명, 문화, 과학 등 다양한 분야에서 교류가 이루어지고, 서로를 이해하며 살게 된다. 호전적인 외계인들은 인간과 로봇에게 타협보다는 싸움으로 우위를 점하려 한다. 인간, 로봇, 외계인 등이 혼재되어 패권을 다투게 되지만 인간에게 가장 좋은 시나리오는 인간이 로봇을 통제하고 외계인과 공존하여 평화롭게 사는 것이다.

| 4 |
물류 자동화, 신속 정확한 배송

전국 어디에 거주하든 물품을 구매하면 직배송이 가능하다. 외딴섬이나 산골 오지에서도 물품을 구매하는 데 퇴짜 맞는 일은 없다. 무인 드론이나 무인 헬기를 통해 전국 어디든지 배달이 가능하다. 편의점이나 마트는 무인 점포가 되어 집에서 우유를 구매하면 마트에 있는 배달 로봇에 의해 현관까지 배달된다. 출발시간, 도착시간, 현 위치 등 배달 정보는 실시간에 제공된다. 항구에서 판매되는 싱싱한 수산물도 동일한 방법에 의해 직매매하고 배송한다. 저녁 메뉴 버튼을 누르면 냉장고에 보관되어 있는 식재료가 계산되어 부족한 식재료는 자동 구매된다. 저녁 시간 이전에 현관에 배달되고 자신의 입맛에 맞는 레시피를 입력하면 식재료들을 활용하여 완성된 요리가 식탁에 차려지게 된다. 음식을 먹고 나면 식기, 음식물 분리수거 등 뒤처리는 자동으로 말끔하게 정리된다.

| 5 |
음식품 대체 산업 활성화

　땅에서 재배되거나 사육되는 쌀, 보리, 닭고기, 소고기보다 이들을 대체할 수 있는 가공 음식료들이 활성화되고 품질도 우수하고 가격도 싸다. 이상 기후가 지속되더라도 일부 국가들은 식량 걱정이 없다. 쌀, 소고기 등에서 직접 단백질을 섭취하지 않아도 식용 곤충, 세포 배양육, 식물성 고기 등을 통해 단백질을 제공받게 된다. 식용 곤충은 적은 사료와 작은 공간으로 막강한 번식력을 활용하여 소고기 등을 대체하는 훌륭한 단백질 식품이다. 소에 들어가는 사료, 공간, 배설물 등 막대한 비용이나 환경오염을 걱정할 필요가 없다. 가축 사육에서 배출되는 온실가스는 교통수단이 배출하는 가스보다 많다. 친환경이면서 데이터에 의존한 대체 산업은 인간에게 더 신뢰를 준다. 대체 산업은 계속 급성장하고 다양화되었다. 인간이 배고픔을 느끼지 않고 장시간 영양분을 유지하기에 알약 한 개면 충분하다.

　지구 기온 상승으로 해안가 저지대 많은 지역이 물에 잠기고, 태풍이 거대화되고, 때아닌 폭설이 내려 농작물이 피해를 보게 된다. 이러한 이상 기후로 낙후된 국가에 치명적인 식량난을 야기시킨다. 대한민국 일대는 열대기후로 변하여 30~40도를 웃도는 날씨가 된다. 일부 산호초 지역은 백화 현상으로 멸종되면서 그곳의 어류 자원들도 멸종하게 된다. 이는 인간에게 큰 위협이 된다. 이를 예방하기 위해 미래 먹거리에 대해 기술 연구 인력, 최첨단 장비, 예산 등을 투입하여 시대에 뒤처져서는 안 된다.

| 6 |
의료기술 첨단화 및 자동화

거주하는 위치로 인해 의료상담이나 치료받지 못하는 지역은 없다. 육지와 떨어진 외딴섬이나 등산하다 다쳐 산 정상에서 요청한 낙상사고 등 어디에서나 진료 요청이 들어오면 의료진료는 가능하다. 비대면 진료는 일상화되고, 대면 진료가 필요할 경우에는 의사는 무인 로봇 헬기 등을 타고 진료하게 된다. 수술이나 의료상담에는 로봇이 역할을 상당 부분 대체하게 된다. 인공지능(AI) 비대면 진료를 통해 인간의 눈, 표정, 맥박수, 체온 등을 스캔하여 처방까지 이루어진다. 처방약이 필요할 경우 현관 앞까지 배송된다. 환자들은 시간 단위로 상태를 체크하며 진료하게 된다.

또한 재생의학, 유전자 치료 등으로 인간의 수명은 계속 늘어나고 오히려 젊어지기까지 한다. 재생의학이 고도화되어 죽지 않는 인간도 존재하게 된다. 개인 건강은 거실 거울을 통해 표정, 혈색, 맥박수 등을 체크하여 로봇 의사에게 통보되고, 건강 이상 징후를 포착하면 곧장 비대면 진료가 실시된다. 전 국민의 일일 단위 개인 건강 체크 시스템에 의해 빅데이터로 축적된다. 이는 의료비용을 최적화하여 불필요한 예산을 줄여준다.

| 7 |
인간 종류 다양성

저출산 고령화의 추세로 인구는 현재와 비교하여 절반 이상으로 감소한다. 인구감소는 불가피하지만, 대한민국은 미래 기술에 끊임없이 도전하고 투자한 결과 세계 패권국들과의 경쟁체제를 유지하면서 발전해간다. 이로 인해 이민자와 유학생들은 지속 유입되어 이민자들과의 혼인도 늘어난다. 젊은 층은 다민족이 되고, 노년층은 단일민족에 익숙하다. 이로 인해 문화적 세대 갈등을 겪게 된다.

인간의 종류는 현재의 인간, 로봇 인간, 재생의학 고도화로 죽지 않는 인간, 일부 고장 난 신체를 로봇으로 대체한 인간, 유전자 조작으로 특정 부위가 강화된 인간, 감성을 지닌 로봇 인간 등으로 다양화된다. 세계 패권 국가는 재생의학을 활용하여 죽지 않는 인간들을 양산하여 그 인간들을 우월종으로 만들어 세계 패권을 계속 유지하려고 한다. 죽지 않은 인간들은 우주여행을 자유롭게 떠나고, 지구를 떠나 수억 년 이후에 지구로 돌아오더라도 그들은 우주여행을 멈추지 않는다. 우주여행에 대한 다양한 상품이 개발되어 판매되고 활성화된다.

| 8 |
종교의식 약화, 삶의 의미 재조명

업무는 단순화되고 자동화되어 인간은 충분한 자유시간을 갖는다. 가정에서 빨래는 세탁, 건조, 정리까지 일사천리로 이루어진다. 채광, 단열, 청소, 실내공기, 조명, 실내보안 등이 자동화되어 인간의 노동이 별도로 필요 없다. 냉장고 안에 음식료들은 열량, 맛, 유통기한 등 정보가 제공되어 이들을 활용하여 먹을 수 있는 음식까지 제공받는다. 명령만 내리면 음식도 만들어서 차려진다. 이처럼 가정 노동 최소화로 인간은 많은 가용시간을 부여받게 된다. 또한 인구감소로 인한 일자리 자연 감소, 로봇·AI로 일자리가 대체되어 대부분 인간은 일자리 없이 정부에서 주는 보조금으로 생활을 영위하게 된다. 즉, 무위도식하는 것이다.

이러한 생활 패턴은 인간에게 자기 삶에 동기부여는 없이 무기력하게 비친다. 인간은 의·식·주 욕구, 안전과 보호의 욕구가 해결되더라도 사회적 소속이나 인정의 욕구, 자아실현의 욕구 등이 뒷받침되지 않으면 무기력에 빠지기 쉽다. 이는 우울증이나 조울증으로 연결되는 경향이 있다. 인간에게 종교, 무속신앙 등이 뿌리째 흔들리는 것이다. 억

만장사들이 쉴 새 없이 일을 하고 바쁘게 지내는 이유는 사회 소속감과 인정의 욕구, 자아실현의 욕구 때문이다. 로봇·AI 등으로 일자리를 잃고 생활하는 인간들에게 국가는 어떤 동기를 부여하고 사회적 참여를 끌어낼 것인가 매우 중요한 과제이다. 특히 혈기 왕성한 젊은이에게는 일자리가 필요하다. 젊은이들이 일자리 없이 생활하는 이들이 많아지면 국가에 큰 위협이 된다. 즉, 그들은 불평불만이 팽배해지고 국가 발전에 나쁜 영향을 초래한다.

물론, 감성을 지닌 로봇도 자기 정체성을 찾으려고 한다. 감성 로봇은 자신의 태생에 어떠한 의미를 부여하려고 하지만 만족할 만한 해답을 찾지 못한다. 자신들의 삶에 대해 다양한 관점이 등장한다. 인간들이 종교 등 신앙을 찾듯이 감성 로봇들도 자신의 존재를 감싸줄 대상을 찾으려고 갈망한다.

손자를 넘어 상위 1% 사상으로 올라서기

1. 당신이 생각하는 미래사회의 모습은 어떠한가?
2. 당신은 미래사회의 모습에 현재 무슨 준비를 하고 있는가?
3. 대한민국은 미래사회의 모습에 뒤처지지 않으려면 무엇을 해야만 하는가? 현재 미래사회의 준비에 무엇이 부족하다고 생각하는가?
4. (스스로에게) 관련 내용에 대해 다른 질문을 하고 대답해보세요.

제8장

불멸의 대한민국 만들기

| 1 |
개인이 갖추어야 할 조건

국가를 구성하고 있는 국민의 수준에 따라 국가 운명도 좌우된다. 과거에 국가 위기나 위협에 대해 국민은 다양한 방법으로 대처했다. 어떤 사람은 국가를 팔아 사익을 챙겨 배신자의 아이콘으로 회자하고 있는가 하면, 개인 희생을 통해 국가를 단합시켜 위기를 극복하는 데 초석이 된 분들도 있다. 후자 같은 국민이 많다면 국가는 거듭 발전하며 태평성대를 이룰 것이다. 2021년 아프가니스탄 대통령은 적이 쳐들어온다는 소식을 듣고서 밤새 다른 나라로 도망가 버렸다. 그 국가는 패했다. 그를 대통령으로 뽑은 이들은 국민이다. 그만큼 국가 구성원들의 국민성은 중요하다. 천만 년 이상 번영할 불멸의 대한민국을 만들기 위해 국민이 갖춰야 하는 조건들을 다음과 같이 제시하였다.

첫째, 개인이 갖추어야 할 덕목으로는 8가지(충·효·지·신·인·용·엄·인(忠·孝·智·信·仁·勇·嚴·忍))이다. 사람으로 태어나서 소속된 조직에 충성하고, 자신을 낳아주신 부모에게 효도하고, 자신의 역할을 충실히 하기 위해 지·신·인·용·엄하고, 큰 노력에도 불구하고 원하는 결과에 못 미치더라도 참고 인내해야 한다. 끝에서 언급한 인(忍)은 현대 사회가 개인주의, 물질만능주의, 로봇 산업화, 정보화가 만연되면서 컴퓨터 게임 등 개인적 활동들이 많다 보니 쉽게 흥분하고 과격해지는 경향이 많아서 필요한 덕목이다. 이럴 때일수록 인내하고 또 인내해야 한순간의 불상사가 예방된다. 8가지 덕목을 갖춘 개인은 나이가 많거나 적음에 관계없이 안전하고 평안하게 자신의 삶을 영위하며 매사 승승장구할 것이다.

둘째, 개인이나 가정에서 책 읽는 분위기를 조성하는 것이다. 책을 읽으면 마음을 살찌우며 지식도 쌓고 교양도 기를 수 있다. 독서는 무엇보다 자신과 자녀를 성장시켜 준다. 부모의 책을 보는 습관을 통해 자녀는 자연스레 책을 접하고 습관화될 수 있다. 어느 부모는 소파에 누워 TV 소리를 높여 시청하면서 자녀에게는 공부 안 하느냐고 윽박지르곤 한다. 자녀가 책을 보고 공부를 잘하기는 어렵다. 부모가 바뀌면 자녀도 바뀐다. 당신의 자녀를 전교 1등으로 만들고 싶다면 당신이 먼저 TV를 끄고 거실에 앉아 책을 보면 해결된다. 당신은 책을 즐겨 봤을 뿐인데 당신의 자녀는 전교 1등을 할 것이다. 책을 통해 부모와 자녀는 더욱 성장하고, 자신의 개성을 깨닫게 될 것이다. 그리하여 가정은 서로 힘이 되어주고 용기를 주며 삶의 든든한 후원자가 되어줄 것이다. 이때 부모가 주의할 것은 자녀에 대해 절대 매를 들거나 윽박지르지 말고 참고 또 참으며 기다려주고 지켜봐주는 것이다. 물론 이것은 매우 어려운 부분이다. 부모도 신선이나 신이 아니며 성장해가고 있는 사람일 뿐이다. 매사 힘들고 화나고 짜증스러울 수 있다. 하지만 부모의 인내와 배려는 가정을 더욱 살찌우고 풍요롭게 만드는 방법 중 가장 손쉬운 비책이다.

셋째, 국민은 투표권을 잘 행사해야 한다. 이 한 표는 내가 몸담은 국가와 사회의 미래를 결정한다. 누구에게 투표할 것인가에 대해 심사숙고해야 하는 것이다. 국민이 국가 정책 결정에 직접 참여할 방법이 투표이며, 투표를 통해 지도자를 선출하는 것이다. 국민은 투표를 통해 국가의 의사결정에 직접 참여하는 것이다. 국가와 사회, 국민에게 더욱더 나은 비전을 제시하고 실현할 수 있는 대안들을 제시하고 있는지 냉정하게 평가하여 투표해야 한다. 지역, 출신, 학교, 친인척 등은 투표 기준에 넣지 말아야 하고, 현재의 대한민국과 미래 세대를 위해 냉정하게 평가하고 투표해야 한다. 자신이 원하는 정책을 실현할 수 있는 인물을 투표로 선택하여 그 당선된 인물로 하여금 국가의 정책 결정에 반영하게 해야 한다. 정치인들이 비리나 부정행위로 감옥 가는 모습을 종종 보고 있다. 비리 정치인들을 투표로 뽑았던 이는 바로 우리들이다. 우리들의 한 표 한 표는 대한민국의 멋진 지도자를 선출하여 불멸의 대한민국을 만드는 데 기여하게 될 것이다. 이때 내가 투표를 행사했던 사람이 뽑히지 않아도 반감이나 적대시해서는 안 된다. 투표 결과에는 깨끗하게 승복하고, 그 지도자가 잘할 수 있도록 격려하고 힘을 주어야 한다.

넷째, 상대방과 비교하지 말고 맡은 역할에 충실한 것이다. 누구와 비교하는 순간 자신의 역할이나 감정이 초라해질 수 있다. 즉, 현재 자신이 얼마나 소중하고 막중한 역할을 하고 있는지를 망각하게 된다.

사람들은 많은 역할을 동시에 수행하면서 살아간다. 자식의 역할, 친척과의 역할, 의무교육, 친구와의 역할, 직장에서 역할, 엄마·아빠의 역할, 가장의 역할, 건강관리 등 많은 역할이 유기적 관계를 맺으며 살아가고 있다. 어느 하나만의 역할이 주어지는 것이 아니다. 이런 다양한 역할들을 깨닫지 못하면 남들은 즐거워 보이는데 자신만 피곤한 삶을 살고 있는 것처럼 여긴다. 즉, 남의 떡만 좋아 보이는 것이다. 유명한 고승도 매일 새벽부터 일어나 참선을 통해 스스로를 수양하고 있다. 개인들도 자신의 역할들을 차분하게 받아들이고, 그 관계 속에서 즐거움과 의미를 찾아야 한다. 그러면 놀랄 만큼 자신이 하는 모든 역할에 재미와 흥미를 느끼며 만족하게 된다. 그 재미와 흥미는 여러분의 삶을 도약시키고, 꿈과 희망을 실현해줄 것이다.

다섯째, 가정에서의 밥상머리 교육을 중요시하고 이런 풍토를 조성해야 한다. 가정에서부터 의사소통하고 배려와 사랑을 익히며 인성을 구비해야 한다. 밥상머리 교육은 식사하면서 자연스럽게 대화를 통해 가르치는 교육이다. 이때 부모의 역할이 매우 중요하며, 자녀들에게 참고 또 참아주며 자녀들이 스스로 무엇인가를 하도록 배려해야 한다. 자녀는 쌀밥과 고기를 먹지 않아도 고구마로만 끼니를 때워도 엄마, 아빠의 따스한 미소 하나면 배부르고 행복하다. 이렇게 자라는 자녀는 해를 거듭할수록 강하고 멋지게 성장하게 되고, 부모의 노력에 보답하게 될 것이다. 당장 내가 원하는 답이 안 나올 때 자녀에게 매를 들거나 화를 내는 것은 자녀의 자존감을 떨어뜨리는 나쁜 교육 방법이다. 이러한 교육은 시간이 지나 먼 훗날에 후회하게 될 것이다. 세상을 바꾸는 것은 사람이지만 사람을 바꾸는 것은 교육이다. 홀로 독립하기 전까지 가정에서 사랑도 느끼고, 부모·형제들과 일상생활을 통해 자연적으로 사회생활에 필요한 것들이 학습되어진다. 사랑을 받고 자란 이들은 육체적으로나 정신적으로나 건강하게 자라고 타인에 대한 배려심도 갖게 된다. 농부의 사랑을 받고 자란 농작물이 잘 자라는 이치와 같다. 가정은 개인의 인성이 만들어지고 확립되어 가는 곳이다. 개인의 이탈로 가정이 힘들거나 잘못된 경우도 많다. 어릴 때부터 밥상머리 교육이 얼마나 중요한지는 세월이 많이 지나 보면 모두가 알게 된다. 뒤늦게 스스로 후회하는 이들도 많다.

여섯째, 자신의 인생에 주도권을 갖고 창업이 자유로운 사회적 분위기를 조성하는 것이다. 인생의 주도권을 갖기 위해서는 자기의 적성을 알아야 한다. 그래서 자녀의 적성을 밥상머리에서부터 찾아주려는 가정의 교육과 학교에서의 노력이 필요하다. 자신에게 맞는 적성이나 직업이 정해지면 주저 없이 자신의 꿈을 펼쳐보는 다양한 창업을 통해 세상과 도전해보는 것이다. 창업을 통해 많은 것을 배우고 익히며, 스스로가 단단해지고 성장하고 있음을 느끼게 될 것이다. 이러한 개인들의 자산은 국가와 사회에 큰 버팀목이 될 것이다. 국가는 개인이 손쉽게 창업할 수 있는 사회적 제도나 절차, 예산 등을 아낌없이 지원해야 한다. 안타깝게도 자신에 맞는 적성이나 직업이 무엇인지도 모르면서 꿈과 희망도 없이 생활하는 이들이 많다. 대학 시절에 자신의 꿈을 향해 연구하고 현장탐사를 하는 등 열정과 도전을 불태워도 부족할 터인데 무엇을 해야 할지도 모르고 대학 시절을 보내 버리는 젊은이들이 있다. 이에 대해 기성세대들은 책임을 져야 한다.

| 2 |
국가가 갖추어야 할 조건

거대한 로마제국이 무려 1,200여 년이나 유지되었던 이유 중 하나가 모두에게 공정한 기회를 주었다는 것이다. 로마제국은 황제 혈통이 별도로 있지 않고, 로마인이 아니어도 개인이 능력만 있으면 황제까지 오를 수 있었다. 베스파시아누스 황제는 지방 출신으로 어릴 땐 염소 치는 일을 하던 평민이었지만 개인의 능력으로 황제 자리까지 오른 인물이었다. 그는 걸출한 통치력으로 로마의 전성기를 이룩했고, 로마인들은 황제 혈통이 아니더라도 훌륭히 통치할 수 있다는 걸 믿을 수밖에 없었다. 황제 중에는 아프리카인도 있었다. 하지만 로마 황제 중 콘스탄티누스는 차별을 통해 로마의 멸망을 촉진했다. 군대를 군정과 민정으로 분할하였고, 중앙군과 지방군을 차별하였으며, 군단 편제도 6천 명에서 소규모로 축소하여 병력은 없으면서도 군단 수만 많은 것처럼 유명무실화로 만들었다.

조선은 이씨 왕족이 아니면 왕이 될 수 없었던 것과는 대비되는 대목이다. 훌륭한 인재는 특정 계층에서 나오는 게 아니라 다양한 경험과 사고를 지닌 어떤 계층에서도 나올 수 있는 것이다. 아프가니스탄은 세계 최대 리튬 광물과 막대한 석유 자원 보유 등 자연적 장점이 있었다. 하지만 수십 년 군벌 간 세력다툼과 탈레반 반정부 세력과의 전쟁 등으로 수백만 명의 이민자가 발생하고, 사망자가 끊임없이 발생하고 있다. 미국이 20여 년 동안이나 파병하여 반정부 세력인 탈레반과 싸웠지만, 아프가니스탄 내부의 부정부패, 파벌 이권다툼 등으로 반듯한 국가를 건립하기는커녕 미군을 철수하게 했고, 결국 탈레반 세력에 의해 나라가 전복되었다.

이렇듯 국가의 사회적 제도나 신념 등은 국가 흥망성쇠에 중요하다. 국가적 측면에서 갖추어야 할 불멸의 대한민국 만들기의 조건들은 다음과 같다.

첫째, 법과 규정이 살아있고 누구에게나 공정한 국가 시스템이 작동되도록 해야 한다. 국민이 뽑은 의회에서 악법이 개정되기 전까지는 악법도 법으로 따라야 한다. 최고 권력자에서부터 어린아이까지 모두에게 법은 공정하고 상식선에서 적용되어야 한다. 법 적용은 누구에게나 납득되어야 하는 것이다. 법 체제가 무너지면 사회 혼란은 가중되고, 국가 시스템이 위험에 빠질 것은 자명한 것이다. 국가는 어느 직위든 인재를 등용할 경우 모두에게 공정한 기회를 제공해야 한다. 학력, 출신 지역, 연고 등에 좌우되지 않은 시스템을 갖춰야 한다. 다른 나라에서 이민 왔다고 차별해서는 안 되고, 이민자들에게도 차별 없이 공정한 기회를 주어야 한다. 즉, 누구든지 능력이 있으면 어떠한 자리도 오를 수 있는 것이다.

둘째, 전략적 마인드를 지닌 지도자를 식별하여 국가의 대표로 만드는 것이다. 지도자에게 많은 권력과 권한이 집중되어 그의 사상이나 철학이 국가와 국민에 미치는 영향은 심대하다. 자칫 자신만의 신념에 몰입되어 국가와 사회의 이익에 빗나가는 정책을 추진할 때 사회에서 소모되는 논쟁이나 예산 등은 국제경쟁에서 도태되는 결과까지 초래할 수 있다. 따라서 국제 관계와 한국 사회 등을 전반적으로 이해하면서 한국 사회가 한 단계 도약할 수 있는 전략적 마인드를 지닌 정치 지도자를 선출해야 한다. 그러기 위해서는 높은 시민의식이 요구되고, 높은 시민의식은 어릴 적 가정교육에서 시작된다. 단기간에 시민의식이 높아지는 것은 아니다. 코로나19 발생, 미중 무역분쟁, 2008년 금융위기, 닷컴버블 붕괴 등은 국제사회에서 발생하였지만, 대한민국에 큰 파장을 불러일으켰다. 즉, 국제질서가 한국 질서가 된 셈이다. 또한 지도자는 국가 성장을 위한 마스터플랜을 국민에게 제시해야 한다. 10년 후, 30년 후, 50년 후, 100년 후에 국가 먹거리에 대한 비전과 목표를 제시하고, 국민이 한 방향으로 나아갈 수 있도록 해야 한다. 이것은 국가 지도자의 책무이자 국민에 대한 도리이다.

셋째, 다른 국가들과의 분쟁에 대비하여 자주적인 억제 능력을 구비해야 한다. 한반도 내에서 발생할 수 있는 전쟁이나 다양한 위협에 대비하여 우리의 가용능력을 판단하고, 현존 위협과 미래 위협을 극복해야 한다. 현재 가장 큰 위협이 되는 북핵이나 북핵 시설에 대해 억제 능력을 어떻게 갖추어야 할 것인지 고민하여 대처 능력을 갖추어야 한다. 여기에는 우방국과의 긴밀한 협조도 동반되어야 한다. 결국 우리의 안보와 생존은 우리만이 지킬 수 있다. 하지만 모든 위협에 대비하기 위해 과도한 비용이 지출된다면 우리의 경제적 파국은 피하지 못할 것이고, 국민의 생활은 궁핍해질 것이다. 그래서 지혜를 모아 전략적인 정책과 방향이 중요하다. 지속적인 노력을 통해 미사일 사거리(기존 사거리 800km 제한)는 무제한으로 변경되어 독자적인 원거리 정밀타격 능력을 구비할 수 있게 되었다. 현재의 기술로도 정밀타격 능력은 충분히 가능하며, 국민의 안전과 영토에 심대한 영향을 받을 경우 무자비한 타격으로 원점 지역 및 해당 국가의 핵심 지역 등을 초토화할 수 있다. 장거리 정밀타격은 적은 병력으로도 주변국에 큰 위협을 줄 수 있는 것이다. 대한민국 영토와 국민이 나쁜 영향을 받았을 시에 해당국의 주요 시설 등을 정밀타격할 수 있는 능력을 구비해야 한다. 이러한 충분한 자주적 억제 능력을 갖추는 것만이 어떤 국가든지 우리의 주권을 침범할 수 없는 것이다.

넷째, 한미 동맹 등 주변국들과 외교관계를 강화하고, 전염병 등 비전통적 위협에 대비하여 국제적인 공조 체계를 만들어야 한다. 이러한 공조 체계는 단기간에 비전통적 위협으로부터 해방해줄 것이다. 우호적인 동맹은 전·평시에 상호 이익을 극대화할 수 있다. 국제관계는 피도 눈물도 없는 생존의 법칙이 적용되고, 오늘의 친구가 내일의 적이 되는 세상이다. 외교 능력을 발휘하여 많은 우호 세력을 확보해야 하는 이유이다. 6.25전쟁 때 미군은 3만 6천여 명의 사상자를 내며 우리와 함께 대한민국을 지켜냈다. 한미 동맹은 자유 민주주의, 인권, 법치 등 보편적 가치를 위해 함께 노력해야 한다. 상호 윈윈할 수 있는 분야는 협력을 통해 지속 발전시켜야 한다. 미국 이외 많은 나라들과도 우호적인 관계를 맺으며 상생하는 방안을 모색해가야 한다.

최근 이상 기후들을 보면 예사롭지 않다. 이를 방치하는 것은 인류에게 재앙이다. 러시아 모스크바 6월 기온은 34.8도로 120년 만에 가장 높았다. 동토 지대였던 시베리아에서는 대형산불이 발생했고, 산타 마을이 있는 핀란드 북쪽 라플란드의 기온은 33.6도를 기록했는데 이곳 여름철 평균기온은 10도 정도였다. 중국 쓰촨성에는 집중호우로 72만 명이 집을 잃었고, 미 서부 캘리포니아주 데스밸리 지역의 7월 기온은 54.4도로 지구상에서 가장 높은 기온이었다. 더위뿐만 아니라 가뭄도 심각해졌다. 하와이 등 미국의 47% 이상은 가뭄을 겪었다.

지구의 빠른 온난화는 우리의 건강과 생태계 등에 중대한 영향을 미칠 것이라고 세계 언론들은 연일 경고하고 있다. 언젠가는 폭염이나 폭설, 가뭄 등으로 식량 파동이 발생하여 세계 곳곳이 식량 쟁탈전이 될 수 있다. 사전에 이를 예방하기 위해 국제적인 협력이 필요하다. 사시사철 농사가 가능한 스마트 농장 등을 폭넓게 구축하여 식량 확보가 가능하게 해야 한다. 또한 지구 기온 상승을 막기 위한 탄소배출권 수용, 플라스틱 사용 제한 등에 적극 협력하고 관련법 정비, 예산지원 등 발 빠르게 국가 차원에서 대응해야 한다. 2020년부터 겪고 있는 코로나19 전염병은 전 세계인의 삶을 변화시켰다. 직장을 출퇴근하고 함께 모여 식사하는 일상적인 생활을 할 수 없도록 하였다. 가족 친지들과 맘 놓고 모이지도 못하였다. 세계 어느 한 곳에서 발생하는 전염병이 우리 모두의 문제가 되어버린 세상이다. 따라서 다양한 분야에 대해 국제적인 협조와 대응에 적극 동참해야 한다.

다섯째, 세계를 선도할 산업을 육성하고 우선시하는 풍토를 조성해야 한다. 미래 먹거리 개발에 소홀해서는 안 된다. 과학기술을 천시했던 고려, 조선 등 많은 나라들은 주변국에 의해 큰 위협과 고통을 받았다. 경제적 속국으로 전락하는가 하면 일자리가 없어 나라를 등지는 사례도 많다. 세계를 지배하는 것은 4·5차 산업혁명의 성공이고, 이는 경제적 풍요를 유지하는 방법이다. 신산업에 얼마나 많은 기술자를 양성하고 예산을 투입하여 육성할지를 고민해야 한다. 4·5차 산업혁명 시대는 강한 자가 독식하기 이전에 빠른 자가 독식하는 세상이다. 여기에서 승자는 국가 단위를 넘어설 정도로 엄청난 전리품을 가질 것이며, 시장에 대한 독점적인 지배 체제도 선점하여 나갈 것이다. 엔비디아, 아마존, 구글 등에서 벌어지고 있는 현상이다. 국가채무를 늘려서라도 미래 투자에 나서야 하는 이유이다. 기술에 투자하면 결국은 빚은 갚게 되고 이윤으로 회수된다. 이러한 이윤은 지속적인 성장을 위해 미래 기술에 재투자해야 한다.

여섯째, 인구감소에 따른 미래사회의 변화에 대비하여 저출산 정책, 일자리 최적화, 다양한 교육 시스템 마련 등을 통해 미래 성장동력을 지속 유지해야 한다. 2021년 감사원의 저출산·고령화 대책 성과분석에서 보았듯이 대한민국은 저출산으로 인해 전국 대부분 지역이 소멸할 예정이다. 국가가 전쟁으로 위험한 것이 아니라 저출산으로 없어질

위험에 처한 것이다. 국가 전 분야에 걸쳐 핵심 업무들은 급격히 추동력이 약해질 수 있다. 새로운 것에 대한 변화나 도전은 뒷전이고 바로 직면한 일들조차도 버거울 수 있는 것이다. 결혼하여 일정 조건이 충족되면 무상 주택보급, 국가책임 교육실시, 남녀평등 실현 등 과감하게 국가적 차원에서 위기의식을 갖고 대응해야 한다. 다양한 AI 로봇개발을 통해 인간 업무들을 과감하게 대체하고, 로봇은 명령만 실행하면 24시간 일할 수 있다. 한 개의 로봇은 단순 업무 분야에서 10명 이상을 대체할 수도 있다. 단순히 계산하면 1억 개의 로봇은 10억 명의 효과를 낼 수 있는 것이다.

또한 국내외 일자리를 빅데이터화하여 연령, 계층별 일자리를 최적화해야 한다. 국가 차원에서 노인, 중년, 청소년 등에 맞는 일자리들을 제공하여 국가 경쟁력을 강화해야 한다. 예를 들면 공원에 많은 노인이 하루종일 모여 있는데 이러한 노인들에게 국가 차원에서 오전·오후에 각각 1회씩만 일일 택배를 마련해줘도 경제적 도움은 물론 건강도 좋아질 것이다. 건강보험 등 사회적 비용까지 크게 절약할 수 있는 것이다. 노인들도 좋겠지만 국가 차원에서도 적소에 인력을 활용할 수 있어 국가 생산성 향상에도 도움이 될 것이다. 노인이 많아서 강하고 안전한 국가로 거듭날 수도 있다. 또한 국가 차원에서 다양한 교육 프로그램을 만들어 국민에게 제공해야 한다. 국민은 자신이 원하는 교육을 받으면 지적인 수준이 향상될 뿐만 아니라 시민의식도 향상되고, 이는 곧 국가 경쟁력을 강화할 것이다. 급변하고 있는 시대에 살면서 새로운 정책과 수많은 정보를 개인들이 소화하기에는 쉽지 않다. 다양한 교육을 통해 한국 사회 주요 갈등과 문제들도 이해할 수 있는 것이다. 이러한 교육을 전담하는 민간 조직 활성화도 국가 차원에서 하나의 방법이다.

일곱째, 지방을 특성화하고 육성시켜 지방을 거점으로 충분한 자생력을 갖출 수 있도록 해야 한다. 이는 서울·수도권에 쏠려 있는 인구도 분산시키고, 국토 균형 발전에도 기여할 수 있다. 그 첫 시도는 지방자치단체장 주관 지역 내에 인력 관리 체계를 구축하여 활용하는 것이다. 예를 들면 군수는 자신의 군내에 살고 있는 60세 이상 석사, 박사, 기술사, 기능장, 퇴직자 등 많은 인재를 네트워크화하여 정기적인 모임을 하고 현안을 논의해 나간다. 그들과 군내의 현안들을 맞대고 토론하면 지방에서 얻고자 하는 모든 것을 이룰 수 있다. 군내에 쌓여 있는 현안 모두를 해결할 수 있는 것이다. 해당 지방의 자랑거리가 감자, 고구마라고 하면 이를 아프리카 지역까지 수출하여 지방의 경제적 자립에 도움을 줄 수도 있다. 세계 각국의 사람들이 해당 지방에 여행을 오도록 할 수도 있고, 이는 지방 경제를 더욱 활성화할 것이다. 군수는 지역 내 인재들에게 80세, 90세가 넘도록 일자리를 제공하고 보상도 충분히 하여 나이에 상관없이 모두가 살고 싶은 지방을 만들어야 한다. 자치단체장들이 한가롭게 소규모 행사나 모임에 참석하여 표를 구걸해서는 안 된다. 자치 단체장들은 지방을 특성화시켜 세계적인 지방으로 만들어 지역주민들에게 표를 얻고 심판을 받아야 한다. 모든 일은 결국 사람이 하는 것이다. 지역 내 인재들을 잘 활용만 해도 충분히 경쟁력 있고, 잘 사는 지방 도시를 만들 수 있다. 삼국지에서 유비는 제갈

량이라는 인재를 얻기 위해 삼고초려까지 해가며 인재를 얻었다. 자치단체장들은 지역에 거주하고 있는 인재들이 한 명도 빠지지 않도록 자비를 털어서라도 모시고 와 지역을 위해 함께 머리를 맞대야 한다. 그들로 인해 그 지방은 발전하고 활성화되어 밝은 미래를 보장받게 될 것이다.

여덟째, 공무원들이 전문성 자질을 갖도록 주기적으로 교육하고 제도를 발전시켜 그들의 전문성으로 인해 국가 핵심 사업들이 추동력을 유지해야 한다. 공무원들은 최전선에서 정책을 시행하고, 각계각층의 다양한 사고와 요구를 수렴하여 실행한다. 이들의 전문성이 높을수록 업무처리 속도와 질도 높은 것이다. 민원들을 잘 대처하고 시기적절하게 추진하여 생산적인 방향으로 나아가게 한다. 이를 위해 공무원 조직·부서를 최적화하고, 그들이 전문화되도록 주기적인 교육도 해야 한다. 미래 핵심 사업들이 규제에 부딪혀 좌절되거나 걸림돌이 되지 않도록 해야 한다. 전문성이 부족한 공무원은 일을 해결해 나가기보다는 사고가 발생하지 않도록 규제를 강화하기 마련이다. 규제를 완화하면 사고가 터지고 신상에 화가 미칠 수 있어 자신을 보호하기 위해 제도와 규제를 갖추려 한다. 국가적인 핵심 사업에 전향적 자세를 갖고 추진해도 다른 국가들과의 경쟁에서 앞서려면 부족한 시간이다. 공무원이 전문성을 갖도록 노력해야 하고, 이를 위해 제도 정비, 파격적인 인센티브 등도 필요하다.

참고문헌

01. 국가정책연구소, "국가정책연구", 2023

02. INSS, "국가안보와 전략", 2023

03. 세종연구소, "국가전략", 2023

04. 국방부 군사편찬연구소, "삼국통일의 군사전략"

05. 카이스트 미래전략연구센터, "KAIST 미래전략 2024", 김영사, 2023

06. 카이스트, "KAIST 100년의 꿈", 지식공감, 2022

07. 카이스트 미래전략연구센터, "대한민국 국가미래교육전략", 김영사, 2017

08. 제시슨 셍커, "로봇시대 일자리의 미래", 미디어숲, 2021

09. 미치오카쿠, "인류의 미래", 김영사, 2019

10. 윌리엄페리, "초예측, 세계석학 8인에게 인류의 미래를 묻다", 웅진지식하우스, 2019

11. 박영숙·제롬글렌, "AI 세계미래보고서 2023", 더블북, 2022

12. 박영숙·김민석, "쳇GPT 세계미래보고서", 더블북, 2023

13. 이현훈, "예정된 미래", P:AZIT, 2022

14. 안진환, "존 나이스비트 하이테크하이터치", 한국경제신문, 2000

15. 마크 코켈버그, "인공지능은 왜 정치적일 수밖에 없는가", 생각이름, 2022

16. KBS 제작팀, "부국의 조건", 가나출판사, 2016

17. 양시호, "멸망사를 탐구하면서, 신라에서 고려로 전환은", 학술기사

18. 백기인, "한국 군사사상 연구", 국방부 군사편찬연구소, 2017
19. 혜암, "국가흥망의 기로", 좋은땅, 2014
20. 염규중, "손자병법 이해와 인생고수로 살기", 보민출판사, 2024
21. 염규중, "손자병법 이해와 경제도사로 살기", 보민출판사, 2024
22. 노병천, "기적의 손자병법", 양서각, 2011
23. 박영규, "한 권으로 읽는 고구려 왕조실록", 웅진지식하우스, 2010
24. 박영규, "한 권으로 읽는 백제 왕조실록", 웅진닷컴, 2001
25. 이규철, "손자병법에서 배우는 리더의 필승 전략", 호이테북스, 2021
26. 손무, 김영진 역, "청소년 손자병법", 매월당, 2010
27. 문안식, "후백제 전쟁사 연구", 혜안, 1993
28. 이상훈, "신라는 어떻게 살아남았는가", 푸른역사, 2016
29. 배리 스트라우스, 최파일 옮김, "로마황제열전", 까치, 2021
30. 정영애, "고려왕조", 넥서스, 1997
31. 감사원, "저출산·고령화 대책 성과보고서" 감사보고서, 2021
32. 맨슈어 올슨, 최광 역, "국가의 흥망성쇠", 한국경제신문사, 1991
33. 조철선, "전략가 운명을 묻다", 지혜로울자유, 2017
34. 정병석, "조선은 왜 무너졌는가", 시공사, 2016
35. 신동준, "G2시대 리더쉽으로 본 조선왕 성적표", 인간사랑, 1983
36. 카야노 도시히토, 김은주 옮김, "국가란 무엇인가", 산눈, 2010
37. 이양호, "양파껍질과 마뜨료시카, 국가의 흥망성쇠", 친디루스, 2011
38. 이지순, "국가경제의 흥망성쇠", 문우사, 2018
39. 손무, 박창희 해설, "손자병법", 플래닛미디어, 2017
40. 박재희, "손자병법으로 돌파한다", 문예당, 2003

41. 김병주, "시크릿 손자병법", 플래닛미디어, 2019

42. 김두규 · 안영배, "권력과 풍수", 장락, 1991

43. 손무, 김원중 옮김, "손자병법", 글항아리, 2014년

44. Daron Acemoglu and James A. Robinson, "WHY NATIONS FAIL", 2012

45. Patrick M. Morgan, "International Security, Problems and Solutions", 2006

46. Trajan and Britain, "The History of the Decline and Fall of the Roman Empire", 1995

47. David P. Barash, "Peace and Conflict Studies", 2018

48. Andrew Vincent, "Theories of the State", 1987

49. Barry N. P, "An Introduction to Modern Political Theory", 1981